SCHÖNHEIT DER NATUR

FRÜCHTE

MIT REZEPTEN AUS DEM PARADIES

Idee und Fotografien
Kees Hageman

SCHÖNHEIT DER NATUR
FRÜCHTE
MIT REZEPTEN AUS DEM PARADIES

Text
Elisabeth de Lestrieux

Blumenarrangements
Tessa Feldhaus van Ham -
van Dam Merrett

Assistenz/Styling
Hans Brouwer, Ralph Neijndorff

Layout
Wim Clifford

DUMONT

Inhalt

Früchte fordern unsere Sinne heraus – durch ihren Duft, ihre Farben und ihre bemerkenswerten Formen. Darüber hinaus haben sie noch einen wunderbaren Geschmack, das beweisen die leckeren Rezepte in diesem Buch.

Für die Kreativen unter uns stellen die vielfältigen Farbnuancen und der Formenreichtum der Früchte auch stets eine Inspirationsquelle dar. Die Schönheit der Natur, hier in Form von Früchten, regt unsere Vorstellungskraft an und läßt sinneschmeichelnde Stilleben und kulinarische Genüsse entstehen – ich hoffe, Sie genießen diese genauso wie wir. Der begleitende Text von Elisabeth de Lestrieux ergänzt unsere Sinneseindrücke mit informativer Sachkenntnis.

Mein Dank gilt Elisabeth de Lestrieux sowie Tessa, Wim und Hans, dem Team von »Schönheit der Natur«. Ich möchte auch meinen italienischen Begleitern für ihre Ratschläge und Hilfe danken: Antonio Degli Schiavi in Süditalien und Gianna Talamini und Kees Schreuders in Norditalien. Die Köche, die ihre Geheimnisse für dieses Buch preisgaben, verdienen ein ganz besonderes Lob.

Viel Vergnügen mit diesem Buch wünscht Ihnen

Kees Hageman

Wer glaubt, daß Früchte nur zum Wohle unserer Gesundheit reifen, als Quelle von Vitaminen, Mineralstoffen und anderen Dingen, die Leib und Seele gesund erhalten, und daß sie deshalb ausschließlich zu diesem Zweck verzehrt werden, irrt sich und läßt sich viele (süße) Wonnen entgehen, die das Leben bereichern.

Früchte sollte man mit ganz anderen Augen betrachten: mit den Augen eines Gastronomen oder Chefkochs, der die leckersten Köstlichkeiten aus ihnen kreieren kann, mit den Augen eines Genießers, wenn sie am Baum oder Strauch reifen, mit den Augen eines Arrangeurs, wenn sie steigenweise oder aufgetürmt angeboten werden, und vor allem mit den Augen eines Fotografen – am besten eines Fotografen wie Kees Hageman, dem es stets gelingt, die Objekte vor seiner Kamera ins beste Licht zu rücken.

Mit Begeisterung über die Pracht der heranreifenden Früchte durchstreift Kees Hageman niederländische Obstgärten voller Kirschen, Äpfel, Birnen und Pflaumen und hält sie mit der Kamera fest – im Überblick und im Detail. Er fotografiert unter sengender südlicher Sonne Aprikosen, Pfirsiche, Apfelsinen und Zitronen, vertieft sich in Wachstum, Blüte und Fruchtstand von Kakis und Granatäpfeln, von Ananas und Bananen,

genießt erstaunt weiße Feigen und stachelige Pitahas und weiß die kleinen schwarzen Köstlichkeiten, die uns Johannisbeeren, Brombeeren und Heidelbeeren schenken, genauso zu schätzen wie die roten von Erdbeeren, Himbeeren und Johannisbeeren.

Seine Fotografien zeigen uns die Üppigkeit und den Reichtum von Früchten ganz allgemein, aber auch die Schönheit jeder einzelnen Frucht. Kees Hageman arrangiert Früchte in Stilleben, die manchmal lebhaft und farbenprächtig, manchmal von verträumter Schönheit sind – und er inspiriert andere dazu, Obst als Dekoration und als unwiderstehliche Zutat in der Küche zu verwenden.

Tessa Feldhaus van Ham-van Dam Merrett schuf so sechs Arrangements, in denen Früchte die Hauptrolle spielen. Und Chefköche bekannter niederländischer, belgischer und italienischer Restaurants dachten sich Dutzende von Köstlichkeiten mit den Obstsorten aus, die in diesem Buch beschrieben sind – und lieferten auch gleich die Rezepte dazu. Dieser zweite Band über die »Schönheit der Natur« ist also auch wieder ein Kochbuch, genau wie der erste Band, der von Blumen handelt, und der nächste, der sich mit der Schönheit und dem kulinarischen Genuß von Gemüse beschäftigt.

Elisabeth de Lestrieux Hendrichs

ZITRUSFRÜCHTE

Frisch-fruchtig

Mit den Farbtönen ihrer Schalen assoziiert man Sonne und südliche Länder. Die vielen Arten und Sorten von Zitrusfrüchten verlocken zum Arrangieren aufsehenerregender Dekorationen, die einen sonnigen Anblick bieten – auch in kalten Wintermonaten.

Als erstes denkt man an die runden, glänzenden orangefarbenen Apfelsinen und Mandarinen, aber auch an die kleinen, ovalen Kumquats, die Früchte von *Fortunella margarita*, einer engverwandten Pflanze der Gattung *Citrus*. Doch »Zitronengelb« kommt ebensohäufig und in vielen Größen und Formen vor – bei kleinen Limonen, aber auch bei den großen Zitronat- oder Zedratzitronen. Glänzend und grün gesellen sich die Limetten hinzu. Sie stammen aus Indien, Mexiko, Tahiti und dem Iran, aber auch aus Italien, wo sie »Verdelli« genannt werden. Groß, rund und grün bieten die Pampelmusen einen hübschen Anblick, oft flankiert von Mapom (Kreuzung zwischen Mandarine und Grapefruit) oder Sweetie (Kreuzung zwischen Pomelo und Grapefruit). Ein weiteres Produkt einer Kreuzung ist die Ugli. Sie hat sogar drei Elternteile: Grapefruit und Apfelsine gaben der jamaikanischen Frucht die Größe, während die Tangerine, die kleinste der Mandarinen, mit ihrer runzeligen Schale für das interessante Äußere sorgte. Eine auffallend runzelige Schale und ein intensives Aroma sind die Kennzeichen der kräftig grünen Kaffirlimette *(Citrus hystrix)* aus Indonesien, von der vor allem die Schale und die grünen Blätter verwendet werden.

Reiche Ernte

In Ländern, die wie Spanien und Portugal von der Sonne verwöhnt werden, sowie in vielen anderen Regionen im »Zitrusgürtel«, wo es zwar schön warm, die Luftfeuchtigkeit aber gering ist, werden die Zitrusfrüchte von Hand mit einer Spezialzange gepflückt.

Das Pflücken geschieht aber erst dann, wenn die Früchte wirklich reif sind, voller Aroma und Saft, denn für das »Nachreifen in einer Obstschale an einem sonnigen Platz« sind Zitrusfrüchte nicht geeignet. Kleinere Ernten werden vor Ort auf den Märkten verkauft, größere transportiert man in kältere Länder, wo sie gerne gekauft und frisch gegessen oder zu Leckereien verarbeitet werden. Chefkoch Hans den Engelsen vom Restaurant »De Kloosterhoeve« in Harmelen (Niederlande) zeigt, wie Grapefruit sich mit süßen Köstlichkeiten kombinieren läßt.

Grapefruit mit weisser Schokoladenmousse und Knusperröllchen

(Für 4 Personen)
2 rote Grapefruits
2 gelbe Grapefruits
10 g Kartoffelmehl
Für die Schokoladenmousse:
175 g weiße Kuvertüre
3 El Grand Marnier (Bitterorangenlikör)
3 Blatt Gelatine
350 ml Sahne
Für die Knusperröllchen:
100 g Zuckersirup
100 g Butter
100 g Farinzucker
100 g Auszugsmehl

Für die Schokoladenmousse Kuvertüre im Wasserbad schmelzen. Grand Marnier erhitzen und die Gelatine darin auflösen. Dann in die Schokolade einrühren und etwas abkühlen lassen. Die Sahne halbsteif schlagen und unter die Masse heben. Im Kühlschrank fest werden lassen.
Für die Knusperröllchen Zuckersirup herstellen, indem man gleiche Teile Zucker und Wasser aufkochen läßt. Sirup mit Butter und Zucker erwärmen; dabei gut rühren. Dann das Mehl einarbeiten. Abkühlen lassen, jedoch nicht im Kühlschrank, sonst wird der Teig zu fest, um Kugeln daraus zu formen.
Je 25 Gramm von dem abgekühlten Teig mit den Händen zu einer Kugel formen und mit reichlich Abstand auf ein gefettetes Backblech setzen (die Kugeln gehen noch auseinander). Ofen auf 180 °C vorheizen. Die Teigkugeln darin 5 bis 6 Minuten auseinandergehen lassen, dann bei niedriger Temperatur in 10 Minuten goldbraun backen. Mit einem flachen Messer die Kugeln vom Blech lösen und um einen hölzernen Löffelstiel rollen. Herunterschieben, wenn die Röllchen hart sind.
Die Grapefruits schälen und die weiße Haut entfernen. Mit dem Messer die Fruchtstreifen aus den Kammern lösen (filetieren); dabei den Saft auffangen. Den Saft zum Kochen bringen und mit Kartoffelmehl binden. Die Grapefruitfilets in die Flüssigkeit legen und alles zusammen abkühlen lassen.
Vor dem Servieren Schokoladenmousse in die Knusperröllchen spritzen, mit Puderzucker bestäuben und mit einem zusätzlichen Tupfen Mousse neben die Grapefruitfilets legen.

Zitrus-früchte von Format

Die großen Zitronatzitronen aus Amalfi sind weltweit bekannt und werden mit Stolz präsentiert. Die Hand, die sie hält, muß groß sein, der Strang, der sie festbindet, kräftig und der Pfahl, der sie stützt, stark.

Auch die Sukkade aus diesen Zitronen ist von stattlichem Format.

In der Sonne gereift

Amalfi, südlich von Neapel an der Felsküste des Golfs von Salerno gelegen, hat eine weit zurückreichende Geschichte. Im Mittelalter war das Gebiet sogar selbständige Seerepublik mit Amalfi als kleiner Hauptstadt der Costiera Amalfitano.

Durch ihre günstige, vom Norden abgeschirmte Lage wurde die Hafenstadt zu einem in ganz Europa geschätzten Badeort. Nicht nur die reichen Römer, sondern auch andere Wohlhabende betrachteten diese Gegend als »Riviera« und bauten Häuser an die Hänge, von denen aus man eine wundervolle Aussicht hat. Entlang der Küste gibt es jedoch noch viele kleine Orte mit historischen oder anderen interessanten Sehenswürdigkeiten.

Jeder Ort hat seine »alte Kirche« – in Amalfi ist es der Dom aus dem 11. Jahrhundert mit einer Spitzbogenvorhalle, schönen Mosaiken und einer eindrucksvollen Bronzetür –, ein Kloster oder ein anderes imposantes Gebäude. In Minori zum Beispiel werden jedes Jahr in den Überresten einer römischen Villa aus dem ersten Jahrhundert Vorstellungen gegeben. In Ravello, wo sich Richard Wagner häufig aufhielt, finden Konzerte statt, und wer sie besucht, kann sich gleichzeitig an dem maurischen Kloster und den bezaubernden Gärten des Palazzo Rufolo erfreuen, die wie die Zitrusfruchtplantagen von Amalfi an terrassierten Hängen angelegt sind. Doch auch das Kunsthandwerk bietet viele interessante Dinge. Amalfi ist unter anderem für sein handgeschöpftes Papier – »carte a mano« – berühmt, das hier bereits seit dem 13. Jahrhundert hergestellt wird. In Atrani wird von kundigen Händen begehrte und berühmte Töpferware produziert. Der »sfogliatelle« von Minori ist eine weithin bekannte »pasta a mano« – ein Blätterteig, der noch mit der Hand gemacht und zum Trocknen in die Sonne gehängt wird.
Amalfi ist auch für seine kandierten Früchte bekannt, denn hier stellt man aus den großen Zitronat- oder Zedratzitronen herrliche, stark duftende Sukkade her (kandierte Zitrus-

fruchtschalen). Die Italiener nennen diese Zitronen, die auf den Plantagen der terrassierten Hänge über dem Meer reifen, »cedro«; ihr botanischer Name ist *Citrus medica* (siehe auch Seite 144/145). Allein in Italien sind 17 Varietäten von *Citrus medica* bekannt – darunter Bäume, deren Früchte bis zu zwei Kilogramm pro Stück wiegen können und wie

Melonen mit runzeliger Schale aussehen. An der italienischen Küste, wo die Temperaturen nicht ganz so hoch sind wie etwa in Spanien und Portugal, werden sie intensiv gehegt und gepflegt. Zunächst veredelt man sie auf eine Unterlage von Pomeranzen *(Citrus aurantium)*, wodurch sie widerstandsfähiger gegen die Kälte und die salzhaltige Luft werden. Sowohl Zitronatzitronen- als auch Zitronenbäume stützt man, indem man sie an kräftigen Pfählen festbindet. Die Bäume dürfen nicht höher als zwei Meter werden, damit sie dem Wind nicht zu sehr ausgesetzt sind. Bereitgelegte schwarze Nylonnetze werden aufgespannt, wenn zu starker Wind, Kälte oder sogar Hagel erwartet werden.

Aus Zitronatzitronen stellt man nicht nur Sukkade her, sondern noch viele andere Produkte, bei denen die Aromaöle der Schale eine große Rolle spielen. Eigentlich werden zur Herstellung von Duftstoffen hauptsächlich die ätherischen Öle aus der Schale der Bergamotte (*Citrus bergamia*, vor allem der alten Kultursorte 'Femminello') verwendet, aber in dem alten Rezept für Eau de Cologne werden unter anderem verschiedene *Citrus*-Aromen kombiniert. Wer der »Erfinder« dieses Duftwassers ist – Giovanni Maria Farina oder Paolo Feminis –, konnte bis heute nicht geklärt werden; beide stammen aus Santa Maria Maggiore bei Domodossola (Italien) und kamen im ersten Viertel des 18. Jahrhunderts nach Deutschland – genauer gesagt nach Köln. Gesichert ist jedoch, daß Farina dort sein Glück machte, indem er im Siebenjährigen Krieg »Kölnisch Wasser« an die französischen Offiziere verkaufte. Farina hat die genaue Rezeptur natürlich niemals preisgegeben, aber unter anderem verwendete er Zitronenblütenessenz und Öl aus den Schalen von Zitronen, Pomeranzen, Bergamotten und vor allem der Zitronatzitronen. Dazu kamen noch etwas Rosmarin- und Lavendelessenz, so daß die Kombination letzten Endes wenig an Köln, aber dafür um so mehr an Farinas italienische Heimat erinnerte. Eine Varietät der Zitronatzitrone, *Citrus medica* var. *sarcodactylis*, heißt in ihrem Ursprungsland Indien »Buddhas Hand« und ist nicht nur ein Symbol von Wohlstand (siehe Seite 155), sondern besitzt eine so intensiv duftende Schale, daß sie gerne als Duftstoff für Zimmer und Schränke und zum Parfümieren von Badewasser verwendet wurde – und noch immer gerne verwendet wird.

Die Zitronen, die mit den »cedros« auf denselben Terrassen in Amalfi kultiviert werden, sind in Geschmack, Form und Duft ebenfalls außergewöhnlich. Die Früchte dieser Zitronenbaum-Sorte (*Citrus limon* 'Sfusato Amalfitano') finden in Italien deshalb großen Anklang, sind aber leider außerhalb des Landes so gut wie nicht erhältlich.

Orangerie

»Apfelsinen« – »Äpfel aus China« – heißen sie bei uns, wobei sich aber, wie in vielen anderen Sprachen, in den meisten Gebieten Deutschlands die Bezeichnung »Orangen« durchgesetzt hat.

Orangenbäume sind schon seit einigen Jahrhunderten sehr beliebt, auch als Kübelpflanzen. Nach ihnen benannte man die Wintergärten, in denen sie in kälteren Landstrichen überwintern mußten – und häufig standen früher sogar ausschließlich *Citrus*-Arten und -Sorten in der Orangerie. Sie bot einen hübschen Anblick, und es erwies sich damals sicher als praktisch, in unmittelbarer Nähe des Hauses ernten zu können, da Transporte über lange Strecken noch nicht so üblich und problemlos möglich waren wie heute. Eine andere orangefarbene Frucht, die man in Orangerien häufig zieht, ist die Mandarine, deren saftiges, aromatisches und süßes Fruchtfleisch von einer lockeren Schale umgeben ist. Da trifft es sich doch gut, daß das hier abgebildete Mandarinengericht vom Chefkoch des Restaurants »Het Tuynhuys« stammt, das nicht in freier Natur steht, sondern mitten im Herzen Amsterdams, am Rande eines schönen »Grachtengartens«.

Mandarinenbeignets

(Für 6 Personen)
12 geschälte Mandarinen
Zuckersirup
Für den Ausbackteig:
2 Eier
150 g Mehl
1 Messerspitze Salz
½ Flasche Bier
3 Eiweiß

Für die Soße:
250 ml Sahne
100 g Zucker
1 kräftiger Schuß Mandarine Napoléon (Mandarinenlikör)

Zuckersirup herstellen, indem man gleiche Teile Zucker und Wasser aufkochen läßt. Die Mandarinen 24 Stunden in Zuckersirup mit einem kräftigen Schuß Mandarine Napoléon einlegen. Eier mit Mehl, Salz und Bier glattrühren. Dann das steif geschlagene Eiweiß unterheben. Traubenkern- oder Sonnenblumenöl in der Friteuse oder im Topf auf 180 °C erhitzen. Die abgetropften Mandarinen durch den Teig ziehen und goldbraun fritieren. Für die Soße Sahne mit Zucker steif schlagen und den Likör vorsichtig unterheben.

Die süße Säure

Zitronen mit ihrem äußerst aromatischen, sauren Saft drängen sich zwar zur Kombination mit Süßem förmlich auf, aber langweilig wird das Ergebnis ganz bestimmt nicht, denn die Zitronenfrische behält dabei immer die Oberhand.

Das ist selbst beim Nektar der Blüten so: Orangenblütenhonig hat einen süßen und schweren Duft, während Zitronenblütenhonig prickelnd frisch und doch gesättigt mit dem Aroma der Zitrusfrucht ist. Da die Früchte für viele mit Zitronen aromatisierte Köstlichkeiten nicht kistenweise benötigt werden, genügt es, wenn in einem kleinen, sonnigen Garten nur ein Zitronenbaum *(Citrus limon)* statt eines Orangenbaumes *(Citrus sinensis)* steht: von letzterem benötigt man schon mehr. Das gilt auch für die *Citrus*-Arten, die zur Kübelbepflanzung angeboten werden. Hinzu kommt, daß Zitronenbäumchen gewöhnlich nicht nur schneller und leichter Früchte tragen als andere *Citrus*-Arten, sondern auch die üppigere Blüte haben.

In den Herkunftsländern findet man in vielen Produkten Zitronenaroma – und daher auch in alkoholischen Getränken. In der »Trattoria da Gemma« in Amalfi (Italien), wo das hier abgebildete Dessert genossen und fotografiert wurde, gehört zum Rezept der nur in diesem Landstrich erhältliche Likör Limongella, doch auch andere Zitronenliköre schmecken lecker und sind für das Rezept geeignet.

Gefüllte Windbeutel mit Zitronenaroma

(Für 12 große oder 24 kleine Windbeutel)

Beim Konditor ungefüllte Windbeutel bestellen oder sie selbst herstellen: 125 Gramm Butter mit 1 Prise Salz und 300 ml Wasser erhitzen. 125 Gramm gesiebtes Mehl auf einmal zufügen und rühren, bis sich eine glatte Teigkugel bildet. Topf vom Herd nehmen und 5 bis 6 Eier einzeln unterarbeiten, bis der Teig glänzt und Spitzen bildet. Den Teig in Häufchen auf ein Blech spritzen und 15 bis 20 Minuten bei 220 °C backen.

Die Füllung besteht aus Konditorcreme, die zusätzlich mit abgeriebener Zitronenschale aromatisiert wird. So bereiten Sie Konditorcreme zu: 8 Eigelb mit 250 Gramm Zucker, dem Mark einer halben Vanilleschote und 1 El abgeriebene Zitronenschale im Wasserbad glattrühren. 90 Gramm Maisstärke und nach und nach unter ständigem Rühren 1 l heiße Milch zufügen. 5 bis 6 Minuten rühren, bis die Creme eindickt, aber nicht kochen lassen.

Sahne mit beliebig viel Zucker nicht zu steif schlagen und vorsichtig einen kräftigen Schuß Limongella oder einen anderen Zitronenlikör unterrühren. Wer das Dessert echt italienisch zubereiten möchte, mischt die Sahne im Verhältnis 1:1 mit abgekühlter Zabaione, die ebenfalls mit Zitronenlikör zubereitet wird. Für die Zabaione 5 Eigelb und 1 ganzes Ei mit 40 Gramm Zucker zuerst kalt, dann im Wasserbad verrühren, bis die Mischung bindet. Nach und nach 25 ml Zitronenlikör zufügen. Nach 10 Minuten ist die Zabaione dickflüssig. Schüssel in eine Schale mit Eiswürfeln stellen und weiterrühren, bis die Schaumsoße kalt ist.

Die gefüllten Windbeutel in einer flachen Schüssel anrichten und großzügig mit Zabaione-Sahne übergießen.

BANANEN

Hunderte an einer Staude

Rund 200 Früchte kann ein Büschel, wie der Fruchtstand der Bananenstaude genannt wird, tragen. Doch – zufrieden mit den Fortpflanzungsmöglichkeiten, die sich dadurch bieten – produziert *Musa* x *paradisiaca* nur eines davon.

Obst- oder Dessertbananen sind weltweit bekannt und beliebt – große sogenannte Hände mit grünen »Fingern« (Bananen), die im reifen Zustand gelb werden. Viel kleiner, nur 10 bis 12 Zentimeter lang, sind dagegen die Baby- oder Gelben Zuckerbananen. Diese kleinen Früchte sind aber so reich an Süße und Aroma, daß sich das Probieren allemal lohnt.
Hübsch sehen die Varietäten mit den roten Früchten aus, die sowohl bei den Obst- als auch bei den Koch- oder Gemüsebananenstauden zu finden sind; letztere präsentieren darüber hinaus auch Früchte in Gelb, Grün und sogar Violett.
Bananen sind nicht nur gesund und nahrhaft, sie schmecken auch gut und eignen sich für unzählige Rezeptvarianten. Chefkoch Ron Blaauw aus dem Restaurant-Hotel »'t Jagershuis« in Ouderkerk (Niederlande) läßt aus Linsen, fritierten Austern und getrocknetem Parmaschinken einen Salat entstehen, den er mit kleinen Fahnen aus getrockneten Kochbananenchips dekoriert.

Salat aus Linsen, getrocknetem Parmaschinken und fritierten Austern mit Bananenchips

(Für 4 Personen)
250 g grüne Linsen (Puy-Linsen)
50 g Möhren, fein geschnitten
50 g Lauch, fein geschnitten
2 Sternanissamen
2 Lorbeerblätter
1 Knoblauchzehe
1 l Hühnerbrühe
Salz und Pfeffer
1 reife Obstbanane, in Scheiben geschnitten
12 frische Seeland-Austern
Ausbackteig (siehe Seite 64)
1 Gemüsebanane
4 Scheiben Parmaschinken, je etwa 1 cm dick

Linsen, fein geschnittenes Gemüse und Gewürze etwa 2 Stunden in der Hühnerbrühe garen. Abkühlen lassen und mit Salz und Pfeffer abschmecken. Die Obstbanane untermischen. Austern aus den Schalen nehmen, in den Ausbackteig tauchen und bei etwa 180 °C 1 Minute fritieren. Auf Küchenpapier abtropfen lassen. Gemüsebanane so dünn wie möglich der Länge nach in Scheiben schneiden. Bananenstücke im vorgeheizten Backofen bei 100 °C 3 Stunden lang trocknen. Mit dem Schinken ebenso verfahren. Linsen-Bananen-Salat auf Teller verteilen. Die Austern noch einmal 1 Minute fritieren (bei 190 °C), abtupfen und mit dem Parmaschinken und den Bananenchips auf den Tellern arrangieren.

KRABBENCURRY MIT REISNUDELN

(Für 4 Personen)

Für die Brühe:

3 Tassen Kokosnußcreme (aus der Dose)
½ Tasse Hühnerbouillon
½ Tasse geröstete Erdnüsse, fein zerstoßen
½ Tasse Tamarindenwasser
5 El Fischsoße (im asiatischen Lebensmittelgeschäft erhältlich)

Für die Soße:

3 El thailändische rote Currypaste (im asiatischen Lebensmittelgeschäft erhältlich)
3 El rote Schalotten, fein gehackt

Ein Blütenstand pro Staude

Das obere Ende des großen Blütenstandes der Bananenstaude trägt weibliche Blüten, aus deren Fruchtknoten sich Früchte entwickeln. Die Blüten sind in akkuraten Reihen angeordnet und anfangs noch von großen violetten Deckblättern umgeben.

Am unteren Teil des Blütenstands befinden sich dagegen die männlichen Blüten mit ihren vielen Staubgefäßen – ebenfalls in ordentlichen Reihen angeordnet. Bei den obersten Reihen männlicher Blüten richten sich die Deckblätter auf, so daß befruchtende Insekten, die vom Nektar am Blütengrund angezogen werden, den Blütenstaub von den Staubgefäßen zu den Stempeln der weiblichen Blüten einer anderen Bananenstaude bringen können. In der Regel geschieht die Befruchtung bei dieser Bananen-Art durch Bienen und durch Vögel (häufig Kolibris, da sie mit ihren langen Schnäbeln die Nektarquelle leicht erreichen können). Bei anderen Mitgliedern der Gattung *Musa* – wie *Musa troglodytarum*, die vor allem auf Hawaii wächst – waren es ursprünglich Fledermäuse, die die Bestäubung übernahmen. Das beweist, daß die Bananen dort von Menschen gepflanzt wurden, da es auf Hawaii keine Fledermäuse gibt.
Bei uns werden männliche Bananenblüten nur selten angeboten, aber in wärmeren Ländern gelten sie als delikates Gemüse. Nachdem man die härtesten Deckblätter entfernt hat, wird die Blüte wie eine Artischocke gekocht. Man taucht die Blattspitzen in eine pikante Soße und ißt die frischen, rosaweißen männlichen Blüten im ganzen. Beim folgenden Rezept aus Thailand, das uns Frau Yen Syn-Lan aus Amsterdam zur Verfügung gestellt hat, werden sie roh in feine Streifen geschnitten und mit einer anderen tropischen Köstlichkeit kombiniert: unreif geerntete Gemüsepapaya mit noch weißem Fruchtfleisch und weißen Kernen. Sie kann gekocht als Beilagengemüse gereicht werden.

3 El Knoblauchzehen, fein gehackt
3 El frische Korianderwurzel, fein gehackt
4 Halme Zitronengras, in kleine Stücke zerpflückt
1 Tasse frische Krabben, in kleine Stücke geschnitten
dunkelbrauner Rohrzucker und Fischsoße nach Belieben

Weitere Zutaten:

5 Tassen gekochte Reisnudeln
verschiedene Gemüse, in Ausbackteig fritiert
Bananenblüten, fein geschnitten
Gemüsepapaya, in dünne Streifen geschnitten

Alle Zutaten für die Brühe zusammen bei schwacher bis mittlerer Hitze erwärmen, bis die Kokosnußmischung brodelt und eindickt. Die Soßenzutaten bis auf die Krabben und den Zucker zufügen und 6 bis10 Minuten schwach köcheln lassen. Dabei ständig rühren, damit die Mischung nicht anbrennt. Dann die Krabben zufügen und mit Fischsoße und Rohrzucker nach Wunsch abschmecken.
Die wundervollen thailändischen Currys werden im Gegensatz zu den indischen nur kurz gekocht und haben ein herrlich frisches Aroma. Zu diesem Krabbencurry reicht man Reisnudeln, verschiedene fritierte Gemüse, fein geschnittene Bananenblüten und Gemüsepapaya.

Bananen auf den Märkten

Über Holzkohle gegrillte Gemüsebananen werden auf vielen orientalischen Märkten als gute, nahrhafte Leckerei angeboten. Damit man sich die Finger nicht verbrennt, serviert man sie auf einem Stück Bananenblatt. Aus diesen Blättern werden auch kunstvolle Körbe geflochten und geschnitten, die als festliche Verpackung für Babybananen dienen.

ANANAS

Grandioses in Überfluß

Die Ananas *(Ananas comosus)*, die in großen Mengen angepflanzt und geerntet wird, ist eine wahre Schönheit unter den Früchten. Die steif aufgerichteten blaugrünen Blattrosetten heben sich gut von den rotbraunen Böden der Felder ab. Hier sind die Ananasplantagen der Firma Delmonte auf Hawaii zu sehen, die die großen Ernten für Konserven industriell verarbeitet.

Am Wuchs der Pflanze ist deutlich zu erkennen, daß sie zur Familie der Ananasgewächse *(Bromeliaceae)* gehört; früher hieß sie auch einmal *Bromelia ananas*. Die Ananas wird gern als »Königin der tropischen Früchte« bezeichnet. Die grüne Krone auf dem königlichen Fruchthaupt dient zugleich der Fortpflanzung, denn aus ihr wachsen wieder neue Ananaspflanzen. Oft bildet die Staude zusätzlich noch Triebe an der Basis des Stammes, um die Fortpflanzung sicherzustellen. Werden die Früchte nicht geerntet, fallen sie irgendwann um, und die Triebe finden dann nahrhaften Boden, um weiterzuwachsen.

Früchte von dekorativer Schönheit

Ananas sind, aus der Nähe betrachtet, so wunderschön, daß sie uns geradezu auffordern, sie zur Dekoration zu verwenden.

Die Früchte können diese Aufgabe ganz allein übernehmen. In verschiedenen Formen und Farben – die kleinen rosafarbenen Exemplare werden ausschließlich als Zierpflanzen angebaut – schmücken sie diese Mauernische und eine schöne Gartenvase.

Tessa van Dam Merrett hat zwei gleiche Sträuße gebunden und Ananas mit prallen grünen Trauben, Zweigen und Kräutern kombiniert, wobei die rotbraunen und grünen Farbnuancen der Früchte wunderbar harmonieren.
Das saftige Aroma der Ananas regte Ron Blaauw, der in seinem erfolgreichen Restaurant-Hotel »'t Jagershuis« in Ouderkerk an der Amstel (Niederlande) kocht, zu Ravioli aus Fruchtfleisch an, die mit sahnigem Ziegenkäse gefüllt werden.

Ravioli aus Ananas mit Ziegenkäse und getrocknetem Katenschinken

(Für 4 Personen)

1 Ananas
Salz
300 ml Orangensaft
100 g Zucker
3 Zweige Thymian
1 Gewürznelke
1 aufgeschlitzte Vanilleschote
20 g Ingwerwurzel
8 Scheiben Katenschinken (je etwa 3 bis 4 mm dick)
4 Ziegenkäse à 50 g (vorzugsweise Sainte-Maure Cendré)

Ananas schälen und die Frucht mit Salz einreiben. Etwa eine Stunde ruhen lassen. Gut abspülen, das Herz herausschneiden und die Frucht längs in schöne, ½ cm dicke Scheiben schneiden.
Aus Orangensaft, Zucker und Gewürzen einen Sirup kochen und die Ananasscheiben hineinlegen. Vom Herd nehmen und in der Kochflüssigkeit abkühlen lassen.
Die Schwarte vom Katenschinken entfernen. Scheiben im vorgewärmten Ofen bei 120 °C 3 Stunden trocknen lassen. Aus dem Ziegenkäse 4 Kugeln formen. (Sainte-Maure Cendré ist ein besonders sahniger Ziegenkäse, der in Asche gerollt wird. Dadurch entsteht ein ganz spezielles Aroma, aber auch mit anderem Ziegenkäse schmeckt dieses Gericht sehr lecker.) Die Ziegenkäsekugeln mit den abgekühlten Ananasscheiben umwickeln und auf jeden Teller 2 getrocknete Schinkenscheiben dazulegen.

KIRSCHEN

Am Baum, auf dem Teller

Kirschen am Baum – ein hübscher Anblick, wenn sich die vorher stolz emporragenden Blütenzweige langsam unter der Last der glänzenden roten Früchte biegen. Es ist gar nicht so leicht, die Ernte vor naschfreudigen Vögeln zu retten …
Kirschen auf dem Teller – hübsch und frisch sehen diese kleinen, leckeren Früchte aus, freigegeben für naschfreudige Menschen …

Kirschen-Türme

Frische Kirschen, zwischen Teig und Sahne zu einem Turm gestapelt oder mit anderen Leckereien auf einer Etagere »turmhoch« aufgebaut.

KUCHENTURM MIT SAHNE UND KIRSCHEN

(Für 4 Personen)

500 g entsteinte Kirschen
150 ml Weißwein
50 g Puderzucker
20 g Kartoffelmehl
300 ml Sahne
100 g Puderzucker

Für den Teig:
100 g Puderzucker
90 g Eiweiß (von 2 bis 3 Eiern)
50 g gesiebtes Mehl
30 g flüssige Butter

Für die Teigschichten Puderzucker und Eiweiß verrühren. Dann zuerst das Mehl, anschließend die Butter einarbeiten. Den Teig über Nacht ruhen lassen. Das Backblech mit Backpapier auslegen und mit der gewölbten Seite des Löffels und einer drehenden Bewegung dünne runde Kuchen ausstreichen. Im vorgeheizten Backofen bei 180 °C goldgelb backen. Den Weißwein mit 50 Gramm Puderzucker zum Kochen bringen, die Kirschen zugeben und aufwallen lassen – nicht zu lange, sonst verlieren sie ihre natürliche Farbe. Kartoffelmehl in Wasser auflösen; Kirschen samt Soße damit zu einem Kompott binden. Abkühlen lassen. Sahne mit 100 Gramm Puderzucker steif schlagen. Turm bauen, indem man abwechselnd zwischen Teiglagen Kirschkompott und Sahne füllt. Wer keine Lust verspürt, selbst Türmchen zu bauen, muß nach Harmelen (Niederlande) ins Restaurant »De Kloosterhoeve« fahren – Hans den Engelsen bereitet sie dort in der Kirschenzeit immer gerne zu.

Kirschen in Hülle und Fülle

In der Kirschenzeit – und die kann wunderbar lang sein – werden die verschiedenen Kirschen an den Marktständen zu wahren Bergen aufgehäuft.

Gegen Ende der Saison sorgen die süßen und beinahe schwarzen Herzkirschen, bei deren Verzehr sich der Mund verfärbt, für Köstlichkeiten, aber auch Sorten wie 'Schneiders Späte Knorpelkirsche' und 'Hedelfinger' haben mit ihrem aromatischen und knackigen Fruchtfleisch schnell viele Freunde gewonnen.

Einen prächtigen Farbkontrast dazu bildet die ebenfalls späte Sorte 'Bigarreau Napoléon', auch 'Napoleonkirsche' genannt, die anfangs gelb ist und beim Reifen immer roter wird. Sie ist zusammen mit der Knorpelkirsche auf der vorhergehenden Doppelseite aufgehäuft zu sehen.

In Italien werden sehr viele Sauerkirschen der Sorte 'Marasca' angebaut – nicht für Kompott oder Marmelade, sondern für den berühmten Kirschlikör Maraschino. Der größte Produzent, Luxardo, hat in der Nähe von Padua 80 Hektar 'Marasca'-Kirschen angebaut, doch die Sorte wird natürlich auch in wesentlich kleinerem Maßstab kultiviert. Sie eignet sich übrigens sehr gut für Dekorationen.

In Italien und Griechenland werden aber auch noch viele andere Kirschen-Sorten geerntet, und zwar schon sehr früh im Jahr. Bereits ab Mai sind dort zum Beispiel die tief weinroten 'Vignola'-Kirschen im Handel (die eigentlich 'Vignola Black' heißen). Mit dieser Kirschen-Sorte bereitet Gaetano Trovato, der Chefkoch des Restaurants »Arnolfo« in Colle di Val d'Elsa (Italien), das folgende Dessert aus »verlorenen« Kirschen und Vanillesoße zu.

Verlorene 'Vignola'-Kirschen mit Vanillesosse

(Für 4 Personen)

Für den Biskuitteig:
3 Eiweiß
3 Eigelb
60 g Zucker
45 g Mehl
45 g sehr fein gemahlene Mandeln
1 Stückchen Butter

Für die Füllung:
100 g entsteinte 'Vignola'-Kirschen
zusätzlich 20 g Kirschen zum Garnieren
2 Blatt Gelatine
100 ml Sahne
30 g Zucker
½ Glas Wasser
100 ml Kirschwasser

Für die Vanillesoße:
100 ml Milch
½ aufgeschlitzte Vanilleschote
100 ml Sahne
2 Eigelb
40 g Zucker
50 ml Kirschwasser

Für den Biskuitteig Eiweiß sehr steif schlagen. Eigelb mit dem Zucker dick und cremig schlagen, Mehl und Mandelmehl vorsichtig einrühren und Eiweiß unterheben. Ein Backblech einfetten oder mit Backpapier belegen. Darauf die Masse 5 mm dick verstreichen. Im vorgeheizten Ofen bei 180 °C etwa 15 Minuten backen.

Für die Füllung Kirschen pürieren und das Püree bis zum Siedepunkt erhitzen. Vom Herd nehmen und die Gelatine darin auflösen. Sahne steif schlagen und dann vorsichtig unter die gerade gebundene Kirschenmasse heben.

Aus Zucker, Wasser und Kirschwasser einen Sirup kochen.

Für die Vanillesoße aufgeschlitzte Vanilleschote mit der Milch zum Kochen bringen und etwas ziehen lassen. Sahne hinzufügen und gleichmäßig erwärmen. Vom Herd nehmen und unter ständigem Rühren die mit Zucker aufgeschlagenen Eigelbe zugeben. Bei sehr schwacher Hitze – besser noch im Wasserbad – so lange rühren, bis die Soße gut bindet. Einen Schuß Kirschwasser zufügen. Die Soße eventuell durch ein feines Sieb gießen und abkühlen lassen.

Förmchen mit Kirschwassersirup auspinseln und mit Biskuitstücken auslegen. Die Füllung hineingeben und mit einer runden Biskuitscheibe zudecken. Die Förmchen für 3 Stunden in das Gefrierfach des Kühlschranks stellen.

Vor dem Servieren die Törtchen stürzen, Vanillesoße ringsum angießen und mit 'Vignola'-Kirschen garnieren.

Zimtringe mit Mascarponecreme, Himbeeren und Lavendeleis

(Für 4 Personen)

Für die Zimtringe:
125 g weiche Butter
200 g weißer Farin-, 50 g feiner Kristallzucker
100 g Mehl
50 ml Wasser
1 Tl Zimt, 1 Prise Salz

Für die Mascarponecreme:
200 ml Milch
2 Eigelb
50 g Zucker
2 Blatt Gelatine
100 g Mascarpone
2 El (30 ml) Balsamico (Essig aus Modena)
50 ml Mandelsirup (Zuckersirup 1:1 mit Mandelsplittern und Amaretto ziehen lassen)
200 ml Sahne

Für das Lavendeleis:
1 ½ Tl Lavendelblüten
500 ml Sahne
125 g Zucker
100 g Eigelb (von etwa 5 Eiern)

Für den Lavendelsirup:
50 g Zucker
2 El (30 ml) Wasser
½ Tl fein gehackte Lavendelblüten

Für den Himbeercoulis:
150 g Himbeeren, Puderzucker nach Belieben

Weitere Zutaten:
300 g Himbeeren

Für die Zimtringe die Butter weich rühren und mit einer Gabel alle Zutaten untermengen, bis ein glatter Teig entsteht. Im Kühlschrank fester werden lassen. Dann dünn auf einem mit Backpapier ausgelegten Blech verstreichen und bei 180 °C im Ofen goldbraun backen. Noch warm in 4 Streifen schneiden und diese sofort zum Formen um einen runden Gegenstand legen. Für die Creme Milch zum Kochen bringen. Eigelb mit Zucker cremig rühren, die warme Milch zufügen und bei schwacher Hitze unter ständigem Rühren binden. Vom Herd nehmen und die vorher eingeweichte Gelatine darin auflösen. Abkühlen lassen. Mascarpone mit Essig und Mandelsirup verrühren und zur Mischung geben. Andicken lassen. Dann die Sahne schlagen und unter die Creme heben. Im Kühlschrank fest werden lassen. Für das Eis die Blüten 10 Minuten bei schwacher Hitze in der Sahne ziehen lassen. Zucker mit Eigelb cremig rühren, Sahne hinzufügen und im Wasserbad unter Rühren binden. Abkühlen lassen, Blüten herausnehmen und die Masse in die Eismaschine füllen. Zucker und Wasser zu einem Sirup kochen und Blüten 15 Minuten darin ziehen lassen; durch ein Sieb gießen. Für den Coulis die Beeren mit Puderzucker pürieren. Auf jeden Teller einen Zimtring legen und Mascarponecreme hineingeben. Eine Kugel Eis daneben legen oder in ein Oblatenkörbchen geben. Mit Himbeeren, Coulis und einem Löffel Lavendelsirup dekorieren.

ROTE BEEREN

Köstlich und hübsch

Erdbeeren, rote Johannisbeeren und Himbeeren folgen den Kirschen auf dem Fuße – häufig sind sie alle zur gleichen Zeit erhältlich, da sich die jeweilige Saison durch die schnellen Transporte aus den wärmeren Ländern etwas verschiebt.

Und ehe man sich versieht, gibt es schon Pflaumen – rosig überhaucht oder in hellem Grün, das auch bei Weintrauben und frühen Feigen zu sehen ist, deren Grüntöne bis in tiefes Purpur übergehen können. Dies wiederum bildet einen wunderschönen Übergang zum Blauschwarz der Brombeeren und den kräftig blauen Früchten der Heidelbeersträucher. All diese Früchte sehen frisch gepflückt so wunderbar aus, daß sie es verdienen, allein ihres Anblicks wegen auf unseren Tischen dekorativ arrangiert zu werden – bevor die kleinen Geschmackswunder dann doch in leckeren Nachspeisen und köstlichen Kuchen verschwinden.
Natürlich verführt die rote Pracht, die uns Jahr für Jahr erfreut, auch zum Experimentieren. Das erste Beispiel ist ein Dessert aus dem Restaurant »De Bokkedoorns« in Overveen (Niederlande), bei dem Zimt und Mascarpone mit Himbeeren und dem Aroma von Lavendelblüten eine aufregende Liaison eingehen.

Holland

Klein, aber oho

Erdbeeren sind süß, zart, rot und außerdem sehr dekorativ, denn schon die niedrigen Pflanzen mit ihren gefiederten Blättern und kleinen Zweigen, die sich – schwer von heranreifenden Beeren – zum Boden neigen, sind hübsch anzusehen. Der Boden wird mit Stroh bedeckt, damit die Früchte sauber und ohne Sand heranreifen können.

Erdbeeren lassen sich gut in größeren Mengen anbauen, eignen sich aber auch als Beet- und Wegbepflanzung, für Körbe, Kübel und sogenannte Erdbeertöpfe, sogar als Hängepflanzen sind sie eine Augenweide. Die gewöhnlichen Sorten brauchen einen sonnigen Platz; die Walderdbeere *(Fragaria vesca)* verträgt auch etwas Schatten. Hübsch ist die Sorte 'Frei' (früher auch 'Pink Panda' genannt), die zwar kräftige rosa Blüten präsentiert, aber nur selten Früchte trägt.
Erdbeeren mit Sahne – eine überall beliebte und bekannte Schlemmerei, die der Chefkoch des Restaurants »Da Gigetto« in Miane (Italien) herrlich variiert: Die Sahne wird als Panna cotta in fester, die Erdbeeren werden als Soße in flüssiger Form serviert.

Panna cotta mit Erdbeersosse

(Für 6 Personen)

1 l Sahne	*1 kg Erdbeeren*
120 g Zucker	*Zucker nach Belieben*
½ Vanilleschote	*½ Glas Maraschino*
10 Blatt Gelatine	*Minzeblätter*

Sahne mit Zucker und der halben Vanilleschote bis zum Siedepunkt erhitzen und vom Herd nehmen (»panna cotta« heißt wörtlich »gekochte Sahne«). Die vorher eingeweichten und gut ausgedrückten Gelatineblätter darin auflösen. Etwas abkühlen lassen. Die Vanilleschote herausnehmen und mit dem Rücken eines Gemüsemessers das aromatische Mark herauskratzen.
Förmchen mit kaltem Wasser ausspülen, bevor die Vanillesahne eingefüllt wird.
Erdbeeren pürieren, mit Zucker abschmecken und zum Kochen bringen. Das ½ Glas Maraschino zufügen. Eventuell durch ein Haarsieb gießen und abkühlen lassen.
Die kleinen Sahnepuddings auf Teller stürzen, Erdbeersoße angießen und mit Minzeblättern garnieren.

JOHANNISBEEREN

Perlen am Strauch

In Trauben hängen die glänzenden Johannisbeeren zwischen den mattgrünen Blättern. Die roten und weißen, die in ihrer transparenten Schönheit Perlen gleichen, reifen zuerst, die schwarzen mit ihrem vollen, kräftigen Aroma folgen.

Mit der Vielfalt ihrer Geschmacksnuancen verlocken sie uns, unterschiedliche Gerichte auszuprobieren. Bei dem Dessert von »Puccini« in Amsterdam vereinen sich rote Johannisbeeren mit einem Blancmanger (Mandelsulz) und Waldheidelbeeren. Auf den folgenden Seiten werden rote und weiße Johannisbeeren mit Camparigelee kombiniert, und schwarze Johannisbeeren gehen eine glückliche Verbindung mit einem Parfait ein. Johannisbeeren eignen sich auch für Dekorationen.

Blancmanger rubané mit Beerengelee

(Für 6 bis 8 Personen)
500 ml Milch
125 g grob gemahlene Mandeln
dünne Schale von ½ Zitrone
100 g Zucker
12 Blatt Gelatine
250 ml Sahne
1 Glas Mandellikör

Für die rote Schicht:
300 g rote Johannisbeeren
300 g Zucker
300 ml Wasser
9 Blatt Gelatine
Johannisbeeren und Waldheidelbeeren zum Garnieren

Für das Blancmanger die gemahlenen Mandeln (es dürfen 3 Bittermandeln dabei sein), die Zitronenschalen und den Zucker bei sehr schwacher Hitze in der Milch ziehen lassen. Vom Herd nehmen und mit dem Pürierstab fein zerkleinern. Die vorher eingeweichten Gelatineblätter darin auflösen. Abkühlen lassen, bis die Mischung dicker wird. Dann vorsichtig die steif geschlagene Sahne und den Mandellikör unterheben. In eine Form gießen und für 2 Stunden in den Kühlschrank stellen. Für die rote Schicht (oder mehrere dünne Schichten, damit es auch wirklich ein gestreiftes Blancmanger wird) Beeren von den Trauben streifen und mit Zucker und Wasser zum Kochen bringen. Mischung durch ein Sieb streichen und die zuvor eingeweichte Gelatine darin auflösen. Etwas abkühlen lassen. Jetzt kann die rote Schicht auf die weiße, die im Kühlschrank stand, gegossen werden. Mehrere Schichten erfordern handwerkliches Können, da die Geleelagen nacheinander in die Form gegeben und jeweils 15 Minuten im Gefrierfach fest werden müssen, während die restlichen Mischungen nicht zu kalt werden dürfen. Das Blancmanger aus der Form lösen und zum Servieren mit Johannisbeeren und Waldheidelbeeren garnieren.

Hübsch in der Bombe, perfekt im Parfait

Hans den Engelsen vom Restaurant »De Kloosterhoeve« in Harmelen (Niederlande) präsentiert hier Beeren in ihrer Höchstform: Der hübsche Anblick der weißen und roten Johannisbeeren bleibt in der Bombe aus transparentem Camparigelee erhalten, und das kräftige Aroma der schwarzen Johannisbeeren kommt in einem sahnigen Parfait perfekt zur Geltung.

Bombe aus weissen und roten Johannisbeeren in Camparigelee

(Für 8 Personen)

1 kg weiße Johannisbeeren
1 kg rote Johannisbeeren
500 ml Wasser
500 g Zucker
100 ml Campari
14 Blatt Gelatine

Wasser mit Zucker und Campari zum Kochen bringen. Wenn der Zucker sich aufgelöst hat, Topf vom Herd nehmen und die zuvor eingeweichten und gut ausgedrückten Gelatineblätter in der Flüssigkeit auflösen. Abkühlen lassen, bis die Masse gut gebunden ist (sonst »schwimmen« die Beeren darin).

Die von den Trauben gestreiften Beeren in einer Glasschüssel mit 3 Liter Fassungsvermögen in Farbschichten dicht aufeinanderlegen, aber dabei nicht zerdrücken. Die Camparimasse darübergießen und die Bombe im Kühlschrank fest werden lassen. Reste kann man zusammen mit Beeren in kleine Förmchen füllen.

Parfait aus schwarzen Johannisbeeren
(Für 6 Personen)
750 g schwarze Johannisbeeren
225 g Puderzucker
15 Eigelb
150 g Zucker
500 ml Sahne
Crème de Cassis (Johannisbeerlikör)

Die Johannisbeeren mit dem Puderzucker zu Kompott kochen und abkühlen lassen.
Eigelb mit Zucker in einer großen Schüssel im Wasserbad aufschlagen, bis eine sehr luftige, zartgelbe Masse entsteht, und ebenfalls abkühlen lassen.
Die Sahne nicht zu steif schlagen und vorsichtig mit zwei Dritteln des Beerenkompotts unter die Ei-Zucker-Masse heben.
Die Mischung in eine dreieckige Terrine füllen und im Gefrierfach oder im Tiefkühler gefrieren lassen. Zum Servieren das Parfait in Scheiben schneiden und mit einem Löffel des restlichen Johannisbeerkompotts anrichten. Kompott nach Belieben mit Crème de Cassis (Likör aus schwarzen Johannisbeeren) abschmecken.

Schwarz wie die Nacht

Schwarze Johannisbeeren *(Ribes nigrum)* haben ein ganz besonderes Aroma und sind tatsächlich schwarz wie die Nacht. Sie sind eng verwandt mit den weißen und roten Johannisbeeren *(Ribes rubrum)*.

Die süßeste aller Kulturformen ist die Sorte 'Boskoop Giant'. 'Zwarte Bourgondiër' (Schwarzer Burgunder) ist eine Sorte mit besonders reichhaltigem Aroma. Sie wird hauptsächlich in der Gegend um Dijon angebaut, wo der weltberühmte Johannisbeerlikör Crème de Cassis hergestellt wird. Auch der Kir stammt aus dieser Gegend. Bekannt wurde dieser Aperitif aus einem Teil Cassis und sieben Teilen Weißwein durch den früheren Domherrn und Bürgermeister von Dijon, der ihn zuerst serviert haben soll. Eine andere wunderbar aromatische Sorte ist 'Koninklijke uit Napels' (Königliche aus Neapel). Mit ihr schuf Italien einen weiteren kulinarischen Höhepunkt, der zudem noch sehr gesund ist, denn die Früchte von *Ribes nigrum* haben von allen Beeren den höchsten Vitamin-C-Gehalt (117 mg pro 100 g Fruchtfleisch). Doch auch im Schatten des Waldes werden Beeren geerntet – Waldbeeren, auch Heidelbeeren oder Blaubeeren genannt. Das kräftigste Aroma haben die kleinen Heidelbeeren, die am Strauch von *Vaccinium myrtillus* wachsen. Da aber die Ernte dieser Beeren nicht besonders reichhaltig ausfällt, werden sie in der Küche durch die größere Amerikanische Blueberry *(Vaccinium corymbosum)* ergänzt. Aufgrund ihrer blauen Bereifung nennt man sie meistens »Blaubeeren«, aber beim Waschen verschwindet dieser Farbhauch, und die Beeren werden schwarz. Eine dritte nachtschwarze Beerenköstlichkeit reift am Holunderbaum, der den passenden Namen *Sambucus nigra* trägt. Selbstgemachter Holundersirup und Holunderwein werden sehr geschätzt, und aus Frankreich kommt ein hocharomatisches »Lebenswässerchen« aus Holunderbeeren, auf dessen Etikett »Eau-de-vie de Sureau Noir« steht. Aus der Vielfalt der schwarzen Früchte hat der Chefkoch des eleganten italienischen Restaurants »Da Gigetto«, das in Miane bei Treviso (Italien) liegt, schwarze (gewaschene) Heidelbeeren gewählt, aber auch schwarze Johannisbeeren sind geeignet, sie sind sogar noch etwas intensiver im Geschmack.

Kaninchenkeule mit Beerenfüllung

(Für 4 Personen)

4 Kaninchenkeulen
250 g Beeren (die Füllung kann sowohl mit schwarzen Johannisbeeren als auch mit Heidelbeeren zubereitet werden, die jedoch weniger intensiv im Geschmack und von hellerer Farbe sind)
1 Prise Rosmarin
Salz
Pfeffer
Öl und/oder Gänseschmalz
1 Möhre
1 Bleichselleriestange
1 Zwiebel
Knoblauch nach Belieben
Paprikaschoten, geschmort
Prinzeßbohnen, gedämpft

Die Kaninchenkeulen entbeinen. Fleischreste vom Knochen lösen und mit dem größten Teil der Beeren, Rosmarin, Salz und Pfeffer in die Rührschüssel der Küchenmaschine geben und 1 Minute lang zerkleinern. Die entbeinten Keulen damit füllen, fest mit der Hand zusammendrücken und in Öl und/oder Gänseschmalz in 5 Minuten von allen Seiten goldbraun anbraten. Die gewürfelten Gemüse und den Knoblauch zufügen und den Topf 10 Minuten in den auf 160 °C vorgeheizten Ofen schieben. Aus der Bratenflüssigkeit eine Soße zubereiten.
Das gefüllte Fleisch in Scheiben schneiden und mit geschmorten Paprikaschoten, gedämpften Prinzeßbohnen, den zurückbehaltenen Beeren und etwas Soße servieren.

SOMMERFRÜCHTE

Tafeln voller Kuchen

Wenn eine Obstsaison in die andere übergeht und an Ranken und Zweigen noch ausreichend rote Früchte prangen, wenn die Erdbeeren auf den Feldern noch rot leuchten, aber die Äste der Obstbäume schon schwer von Früchten herabhängen, wenn Aprikosen, Pfirsiche und Pflaumen vor Saft strotzen, dann ist es an der Zeit, die Tische in sommerlicher Üppigkeit mit Kuchen zu beladen.

Wo könnte man sie besser genießen als im bezaubernden Garten des Restaurants »Clos St. Denis« im belgischen Kortessem, in dem sich Véronique, die Tochter des Besitzers und Chefkochs Christian Denis, ganz der Konditorseite des kulinarischen Genusses verschrieben hat? Mit Kunstfertigkeit und Raffinesse kombiniert sie für Obstkuchen und Desserts Sahniges mit zarten Fruchtaromen, wobei der Frische der Früchte immer eine besondere Beachtung geschenkt wird.
Als Zugabe zu diesem sommerlichen Fest ein Rezept, bei dem saftiges Obst mit knusprigen Plätzchen und süßer Sahnecreme zu einem »turmhohen« Genuß wird.

Knuspertürmchen mit roten Früchten

(Für 4 Personen)

Für den Teig:
1 unbehandelte Orange
200 g Puderzucker
75 g Mehl
75 g Mandelsplitter
75 g weiche Butter
Für die Schichten:
300 ml Konditorcreme (Rezept siehe Seite 18)
100 ml geschlagene Sahne, nach Belieben gesüßt
250 g Erdbeeren
150 g Himbeeren
150 g rote Johannisbeeren
1 Handvoll Brombeeren und Heidelbeeren
einige Kirschen und Minzeblätter
Puderzucker

Für den Teig die Orange schälen und die Schale sehr fein hacken. Orange auspressen. In einer Schüssel Puderzucker mit Mehl und Mandelsplittern mischen. Anschließend nacheinander die weiche Butter, die Orangenschale und den Orangensaft einarbeiten. Den Teig 30 Minuten im Kühlschrank ruhen lassen.
Aus dem Teig 16 runde Plätzchen formen (Häufchen bilden und diese mit einer Gabel, die zuvor in kaltes Wasser getaucht wurde, flach drücken). Die Plätzchen im auf 175 °C vorgeheizten Ofen in 5 Minuten goldgelb backen.
Die geschlagene Sahne unter die Konditorcreme heben.
Die Früchte vorbereiten und waschen.
Eventuell mit einer runden Ausstechform ordentliche Kreise aus den Plätzchen ausstechen.

Für die Türmchen abwechselnd Früchte mit Sahne-Creme-Mischung und Plätzchen übereinanderschichten.
Zum Servieren mit feingehackten Minzeblättern bestreuen (*Mentha* x *piperita* var. *citrata* schmeckt besonders gut zu Früchten), einen kleinen Minzezweig und eine Kirsche daraufstecken und zum Schluß die Türmchen mit Puderzucker bestäuben.
Wer die Plätzchen gerne vorbereiten möchte, kann sie 2 bis 3 Tage im voraus backen und in einer verschlossenen Dose aufbewahren.

APRIKOSEN

Sonne pur

Wer noch nie eine von der Sonne gesättigte Aprikose direkt vom Baum gegessen hat, hat etwas versäumt. Eine reif geerntete gute Aprikose schmeckt weder mehlig noch fade – sie läuft geradezu über vor Saftigkeit und Aroma.

Aprikosen sehen auch hübsch aus, wenn sie noch am Baum hängen. Tiefgelborange, an manchen Stellen rot überhaucht, zeigt sich hier die Sorte 'Hongaarse Gele' ('Ungarische Gelbe'). Wegen ihres saftigen, festen und aromatischen Fruchtfleischs wird sie auch in Italien und Griechenland häufig angebaut. Eine echte italienische Aprikose mit temperamentvollem Geschmack, die auf der Sonnenseite kräftig rot wird, ist 'Reale d'Imola' ('Imola Royal'). Wenn im Juni und Juli die Aprikosen an den Bäumen reifen, beginnt bei den Granatäpfeln die Blüte – sie ist von einem so leuchtenden Orange, daß die kräftigste Aprikosenfarbe daneben blaß wirkt; in einem Strauß sehen sie jedoch zauberhaft aus.

Voller Saft und Aroma

Unzählige Aprikosen werden jedes Jahr geerntet, um aus ihrem saftigen Fruchtfleisch und ihrem vollen Aroma Gelees und Marmeladen und natürlich Desserts und Kuchen herzustellen.

Ein anderer Teil der Aprikosenernte wird zu Trockenfrüchten verarbeitet. Die Aprikosen werden halbiert und nach Entfernen des Steines mit der angeschnittenen Seite nach oben auf Matten ausgelegt, um in derselben Sonne zu trocknen, in der sie vorher gereift sind. So verdunstet zwar die Feuchtigkeit, aber der Zuckergehalt und das Aroma bleiben erhalten.
Es ist übrigens nicht nur der Geschmack, der von Sonne und Wärme zeugt, sondern auch das hellorangefarbene Fruchtfleisch, das beim folgenden Rezept in einen Pie-Teig gebettet wird. Das Rezept stammt von Ardouw de Boer vom Restaurant »Het Tuynhuys« in Amsterdam.

Französische Aprikosen-Tarte

(Für 6 bis 8 Personen)

Für den Pie-Teig:
250 g Mehl
250 g kalte Butter
1 Tl (5 g) Salz
125 ml eiskaltes Wasser

Für die Creme:
500 ml Milch
150 g Zucker
2 aufgeschlitzte Vanilleschoten
6 Eigelb
60 g Mehl

Für den Belag:
14 Aprikosen, halbiert und entsteint
250 g Aprikosenmarmelade (siehe Seite 55)

Für den Teig das Mehl zu einem Berg sieben und oben eine Vertiefung hineindrücken. Kalte Butter in kleine Stückchen schneiden und mit dem Salz mit Hilfe zweier Messer unter das Mehl hacken. Dann vorsichtig mit den Fingerspitzen Mehl und Butter verkneten. Wenn die Butterstückchen sehr klein zerdrückt sind und die Mischung krümelig wird, nach und nach das eiskalte Wasser zufügen. Sobald der Teig geschmeidig wird (es dürfen noch kleine Butterstückchen zu erkennen sein), kein Wasser mehr angießen.
Den Teig auf einer mit Mehl bestäubten Arbeitsfläche zu einem Rechteck von 15 x 20 cm ausrollen. Zweimal zusammenfalten und noch einmal genauso groß ausrollen. Diesen Vorgang zweimal wiederholen. Dann kann der Teig weiterverarbeitet werden: Ganz ausrollen und einen großzügigen Kreis ausschneiden. Den Teig in eine Pie-Form legen, den Rand mit Wasser bestreichen und anschließend mit den Daumen nach innen und oben biegen, so daß eine hübsche Kante entsteht. Den hochstehenden Rand mit Eigelb bestreichen und den Boden mit einer Gabel einstechen.
Für die Creme Milch mit Zucker und Vanilleschoten langsam erhitzen und 15 Minuten ziehen lassen. Eigelb kräftig aufschlagen und das gesiebte Mehl unterheben. Die Vanilleschoten aus der Milch nehmen und das Mark sorgfältig herauskratzen und wieder in die Milch geben. Milch erneut zum Kochen bringen. Unter ständigem Rühren etwas Milch an die Eier-Mehl-Masse gießen und diese dann, immer noch unter ständigem Rühren, in die Milch gießen. Bei schwacher Hitze in etwa 3 Minuten binden; dabei ständig rühren. In eine Schüssel gießen, mit Plastikfolie abdecken und erkalten lassen.
Die Vanillecreme auf dem Teigboden verteilen, mit den halbierten Aprikosen kreisförmige Muster auf die Creme legen. In 25 Minuten im vorgeheizten Backofen (bei 175 °C mit großer Unterhitze) backen. Etwas abkühlen lassen und mit Aprikosenmarmelade überziehen.

Aprikosen kurz in kochendes Wasser tauchen, Haut abziehen, halbieren und den Stein entfernen. Aus Zucker, Wasser, Zimtstangen und Lorbeerblättern einen Sirup kochen. Die Aprikosen hineingeben, den Topf vom Herd nehmen und erkalten lassen. Für das Eis das Aprikosenmus mit der Sahne langsam zum Kochen bringen, dann auf schwache Hitze zurückschalten. Eigelb mit dem Zucker cremig schlagen und unter Rühren in die Aprikosenmasse gießen. Weiterrühren, bis die Masse gebunden ist, abkühlen lassen und in die Eismaschine geben.

Köstlich in Kombination

Das kräftige Aroma der Aprikose hat sich in einer Vielzahl von Kombinationen bewährt. Dieses »hitzige« Dessert entstand an den kühlen Dünenseen, auf die man von den Terrassen des Restaurants »De Bokkedoorns« in Overveen (Niederlande) blicken kann. Die Aprikosen – kurz in gewürztem Sirup heiß gemacht – werden mit sahnigem Aprikoseneis gefüllt. Darauf sitzt ein »Hut« aus gratinierter Zitronenmousse mit Crème fraîche und Vanillemark.

Aprikosen mit Aprikoseneis und gratinierter Zitronenmousse

(Für 6 Personen)

Für die Aprikosen in dickem Sirup:
etwa 1 kg Aprikosen (pro Person 2 Aprikosen beiseite legen)
1 kg Zucker
500 ml Wasser
Zimtstangen
Lorbeerblätter

Für das Aprikoseneis:
200 ml Aprikosenmus
300 ml Sahne
125 g Zucker
100 g Eigelb (von etwa 5 Eiern)

Für die Zitronenmousse:
100 ml Zitronensaft
60 g Crème fraîche
Mark aus einer Vanilleschote
10 g Mehl
3 Eigelb
2 Blatt Gelatine
3 Eiweiß
1 El Puderzucker
125 g Kristallzucker

Für die Mousse Zitronensaft mit Crème fraîche und Vanillemark erwärmen. Mehl mit Eigelb verrühren und zu der Mischung in den Topf geben; dabei ständig weiterrühren. Vom Herd nehmen, die zuvor eingeweichte Gelatine darin auflösen und sämig werden lassen. Eiweiß mit etwas Puderzucker steif schlagen. Den Kristallzucker mit nur wenig Wasser zu einem sehr heißen Sirup kochen (auf dem Zuckerthermometer sind das 96 °Réaumur, was 120 °Celsius entspricht). Den Sirup unter ständigem Rühren in dünnem Strahl zum Eiweiß geben. Etwas abkühlen lassen und dann unter die Zitronencreme heben. Die Mousse auf eine Platte geben und fest werden lassen. Auf jeden Teller drei halbe Aprikosen legen (eventuell auf einer gezuckerten Blätterteigscheibe), Aprikoseneis in die Fruchtmulde geben und darauf Zitronenmousse häufen. Die Mousse kurz mit einem Brennstab (oder unter einem Salamander) gratinieren. Restliche Aprikosenhälfte in Scheiben schneiden und mit einer Soße aus frischen oder getrockneten Feigen dazu servieren.

Als Gelee und Marmelade

Wenn die Aprikosenernte in vollem Gang ist, ist es an der Zeit, die leckeren Früchte zu Gelee und Marmelade zu verarbeiten – und zu Kompott, das, wie in dem Rezept aus dem »De Kloosterhoeve«, als Füllung für Toffees dient.

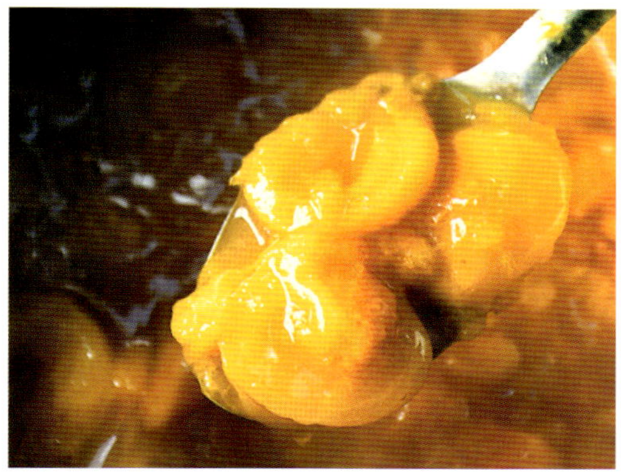

Filo-Toffees mit Aprikosen-kompott
(Für 4 Personen)
6 Aprikosen
50 ml Weißwein
100 g Zucker
½ aufgeschlitzte Vanilleschote
8 Stücke Filoteig (je etwa 20 x 20 cm)
zerlassene Butter (zum Bepinseln des Teigs)
geröstete, gehobelte Mandeln

Aprikosen kurz in kochendes Wasser tauchen, Haut abziehen, entsteinen und in Stückchen schneiden. Aprikosenstücke zusammen mit Weißwein, Zucker und Vanilleschote leicht köcheln lassen, bis die Flüssigkeit verdampft ist; dabei immer wieder umrühren, damit nichts anbrennt. Etwas abkühlen lassen.

Die Filostücke mit zerlassener Butter bepinseln und viermal 2 Stück aufeinanderkleben. Einen Streifen Aprikosenkompott in die Mitte geben und den Teig aufrollen und zusammendrehen wie ein Toffee. Im vorgeheizten Backofen 25 Minuten bei 160 °C hellbraun und knusprig backen. (Bei höherer Temperatur wird der Teig zu schnell braun, aber die Füllung nicht warm.) Mit gerösteten, gehobelten Mandeln und einer Kugel Aprikoseneis (Rezept Seite 52 f.) servieren.

Aprikosenmarmelade

Es gibt verschiedene Arten, eine gute Aprikosenmarmelade zuzubereiten. Zuerst muß man sich entscheiden, ob man frisches Obst oder getrocknetes, das eingeweicht wird, verwenden möchte. Der Geschmack von Backobst ist intensiver als der von frischem Obst.

Die traditionelle süße Marmelade besteht aus gleichen Mengen Zucker und zerkleinerter Früchte, die man vermischt und zum Kochen bringt. Dann püriert man die Masse in der Küchenmaschine, stellt sie wieder auf den Herd und bringt sie unter ständigem Rühren erneut zum Kochen.

Nach 10 Sekunden »Blubbern« nimmt man sie vom Herd und gibt eine entsprechende Menge Geliermittel dazu (dabei unbedingt die Herstellerangaben beachten). Besonders lecker wird die Marmelade, wenn man pro Kilogramm Obst 1 Schnapsglas Apricot Brandy unter die Masse rührt; der aus Äpfeln hergestellte Calvados schmeckt darin auch sehr gut. Frischer Zitronen- oder Limettensaft gibt der Marmelade eine leicht säuerliche Geschmacksnote.

Wer die Marmelade lieber lange einkochen läßt, kann zum Aromatisieren eine aufgeschlitzte Vanilleschote, eine Zimtstange oder ein paar Nelken mitkochen. Ein ganz besonderes Aroma läßt sich erreichen, wenn man 3 oder 4 Aprikosensteine aufbricht und die Samen mitkocht.

Soll die Marmelade Obststücke aufweisen, dürfen die Aprikosen nicht zu reif sein, und man muß sie mindestens 15 Minuten lang kochen. Dann sind sie weich, aber nicht verkocht. Ganz einfach geht das, wenn man aus 1 kg (Puder-)Zucker, 250 ml Wasser und einem kräftigen Schuß Zitronensaft einen Sirup kocht und darin 3 kg Obststücke 15 Minuten kochen läßt. Die Aprikosenstücke herausnehmen und in Gläser füllen. Den Sirup noch einmal 15 Minuten bei starker Hitze einkochen lassen und dann über die Obststücke gießen; sie müssen ganz mit Sirup bedeckt sein.

In zarten Farben

Durch ihre zarten Farben, ihre Saftigkeit und ihr Aroma sind Aprikosen weltweit eine Quelle der Inspiration, der viele herrliche Leckereien entspringen – wie zum Beispiel die warmen Aprikosentörtchen von Gaetano Trovato, der mit seinem Bruder Giovanni das Restaurant »Arnolfo« berühmt gemacht hat.

Aus den Teigzutaten einen schönen, geschmeidigen Teig kneten, in Plastikfolie wickeln und einige Stunden im Kühlschrank ruhen lassen. Für die Creme Vanilleschote in der warmen Milch-Sahne-Mischung ziehen lassen. Eigelb mit Zucker verrühren, das Mehl unterheben und unter ständigem Rühren die warme Vanille-Milch-Sahne-Mischung zugießen (Vanilleschote vorher herausnehmen). Bei schwacher Hitze unter ständigem Rühren zu einer Creme binden.
Für die Pflaumensoße Pflaumen in ihrem eigenen Saft, mit einem Schuß Grappa oder Slibowitz angereichert, mit Zucker und Zimtstange bei schwacher Hitze in 15 Minuten gar dämpfen. Soße durch ein Sieb streichen.
4 Törtchenformen leicht einfetten, Teig etwa 2 mm dick ausrollen und die Förmchen damit auslegen. Mit einer Ersatzfüllung wie beim Blindbacken 30 Minuten im Kühlschrank ruhen lassen. Anschließend im vorgeheizten Backofen 15 Minuten bei 180 °C backen. Die Ersatzfüllung herausnehmen, Creme in die Förmchen gießen und die in Scheiben geschnittenen Aprikosen wie Blütenblätter darauf arrangieren. Törtchen noch einmal für 5 Minuten in den Ofen schieben.
Mit dem Löffel die Pflaumensoße in einem hübschen Schnörkel auf die Teller gießen, eine Kugel Vanilleeis dazugeben und einen Löffel Aprikosengelee darüberträufeln. Ein Törtchen auf jeden Teller setzen und mit halbierten Stachelbeeren garnieren. Die Törtchen noch mit Puderzucker bestäuben.

Warme Aprikosentörtchen mit Vanilleeis und Pflaumensosse

(Für 4 Personen)

Für den Teig:
80 g weiche Butter
1 Ei
1 Tl (5 g) Zucker
1 Prise Salz
1 El Sahne
125 g Mehl

Für die Creme:
125 ml Milch
125 ml Sahne
½ aufgeschlitzte Vanilleschote
3 Eigelb
50 g Zucker
30 g Mehl

Für die Pflaumensoße:
150 g entsteinte Pflaumen
1 Schuß Grappa oder Slibowitz
30 g Zucker
Zimtstange

Weitere Zutaten:
8 schöne, feste Aprikosen
4 Kugeln Vanilleeis
4 El Aprikosengelee
12 Stachelbeeren
Puderzucker

MELONEN

Schwer tragende Ranken

In einer einzigen Saison bilden Melonenpflanzen meterlange Ranken, kleine weiße oder zartgelbe Blüten, die an Gurkenblüten erinnern, und überdimensional große »Beeren« – genau wie viele andere Mitglieder der Familie der Kürbisgewächse *(Cucurbitaceae)*, zu der *Cucumis melo*, wie die Melone botanisch heißt, gehört.

Melonen sehen besonders hübsch als Kletterpflanzen vor Hecken und Mauern aus. Die Früchte schmecken nicht nur als Bestandteil von verschiedenen Gerichten sehr gut, wie in dem folgenden Melonendessert vom Chefkoch des Restaurants »Da Gigetto« in Miane (Italien), sondern eignen sich durch ihren hübschen Anblick auch für Stilleben und Sträuße. Sie halten allerdings weniger lang als ihre Verwandten, die Kürbisse und Flaschenkürbisse. Sogar an Marktständen sehen die Früchte hübsch und dekorativ aus – vor allem die Wassermelone *(Citrullus lanatus* var. *vulgaris)* mit ihrer tiefgrünen oder grüngefleckten Schale und dem hellroten Fruchtfleisch, die in südlichen Ländern an jeder Straßenecke angeboten und als Durstlöscher verspeist wird. Dunkelgrüne Streifen auf gelbgrünem Grund bestimmen das Erscheinungsbild der Ananasmelone, deren gelbes Fruchtfleisch leicht nach Ananas schmeckt. An den flachen Rillen, die durch einen schmalen grünen Streifen auf hellgrüner Schale betont werden, erkennt man die 'Charentais', eine französische Melone, die als schmackhafteste und aromatischste der Kantalupemelonen gilt. Klein, von tiefem Gelbgrün und mit leichten Rillen versehen sind die Ogenmelonen, benannt nach dem israelischen Ursprungsgebiet. Netzmelonen sind rund oder oval und haben eine netzartig strukturierte Schale; das Fruchtfleisch ist hellorange und saftig. Zu ihnen gehört die 'Galia'-Melone, die nach der Tochter des israelischen Züchters benannt wurde. Diese süße, aromatische Frucht besitzt gelbgrünes, saftiges Fruchtfleisch. In einer glatten Schale, manchmal auch mit Kerben und Runzeln wie die tiefgrüne 'Tendral', präsentieren sich die spät reifenden »Lagermelonen«, zu denen die Honigmelonen gezählt werden. Sie sind oval, oft auch zugespitzt und von tiefgelber Farbe – 'Amarillo Liso' ist eine bekannte Sorte. Wo sie in warmen Ländern auf den Feldern reift, bietet sie einen sonnigen Anblick. Das Dessert aus dem Restaurant »Da Gigetto« wird mit Honigmelonen zubereitet.

Melonendessert

(Für 6 Personen)

Für die Creme:
100 g Eiweiß (von 2 bis 3 Eiern)
100 g Zucker
9 Blatt (15 g) Gelatine
250 g Honigmelonenmus
250 ml Sahne

Für die Soße:
200 g Johannisbeeren
Zucker nach Belieben

Eiweiß mit Zucker sehr steif schlagen. Etwas von dem Melonenmus so weit erwärmen, daß die zuvor eingeweichten und gut ausgedrückten Gelatineblätter sich darin auflösen. Abkühlen lassen und dann das gesamte Melonenmus unter die Eiweißmasse heben. Sämig werden lassen und die geschlagene Sahne unterziehen. In eine viereckige Form gießen und in den Kühlschrank stellen. Für die Soße die Johannisbeeren mit Zucker kurz kochen, in der Küchenmaschine gut mischen und durch ein Sieb streichen.
Die festgewordene Creme in Scheiben schneiden. Die Soße in einem Muster auf die Teller geben und eine Scheibe darauflegen.

Stattliche Früchte

Die Farbschattierungen der stattlichen Melonen strahlen dieselbe Wärme und Intensität aus, die auch aus dem Stilleben sprechen, das Kees van der Vlies aus Den Haag nach einem Gemälde um 1600 gemalt hat (abgebildet in »La Natura Morte in Italia«).

Ron Blaauw, Chefkoch des Restaurants »'t Jagershuis« in Ouderkerk an der Amstel (Niederlande), kreierte einen Salat in denselben gelben, grünen und roten Farbtönen aus 'Galia'-Melonen, knackigen Salbeiblättern und Coppa: gelb ist das Melonenfruchtfleisch, das in Grappa mariniert wird, grün sind die kurz fritierten Salbeiblätter, und rot ist das luftgetrocknete, magere Schweinefleisch, das »Coppa« heißt.

Salat aus 'Galia'-Melone, Coppa und knackigen Salbeiblättern

(Für 4 Personen)

2 reife 'Galia'-Melonen
200 ml Grappa
16 Salbeiblätter
20 Scheiben dünn geschnittene Coppa
Salz

Die Melonen halbieren, die Kerne entfernen und das Fruchtfleisch herauslöffeln. Die Melonenstücke mit der Grappa mischen. Das marinierte Obst auf die 4 Melonenhälften verteilen. Pro Person 5 Scheiben Coppa dazugeben sowie 4 Salbeiblätter, die bei 180 °C kurz fritiert und dann gesalzen werden.

Nektarinen in Marzipan und Blätterteig

(Für 4 Personen)
4 Nektarinen (oder Pfirsiche)
100 g Mandelmasse
1 Eigelb
200 g Marzipan
4 Stücke Blätterteig, je 15 x 15 cm
50 g Kristallzucker

Die Früchte kurz in kochendes Wasser tauchen und die Haut abziehen (wie bei Tomaten). Halbieren und die Steine entfernen. Mandelmasse mit Eigelb vermischen und die Mulden der Nektarinenhälften damit füllen. Die Hälften vorsichtig wieder zusammendrücken.
Marzipan so dünn wie möglich ausrollen, 4 Quadrate ausschneiden und die Früchte darin verpacken. Um die Marzipanlage die Blätterteigstücke legen und an der Unterseite gut zusammendrücken. Den Teig mit Wasser bepinseln, mit Kristallzucker bestreuen und mindestens 1 Stunde lang an einem kühlen Ort ruhen lassen. Anschließend die Nektarinenkugeln im vorgeheizten Ofen bei 200 °C in etwa 20 Minuten goldgelb backen.

NEKTARINEN

Pfirsiche mit Glanz

Eine Zeitlang hing die Nektarine – botanisch gesehen – »in der Schwebe«. Ein Teil der Wissenschaftler betrachtete sie als eine Kreuzung aus Pfirsich *(Prunus persica)* und Pflaume *(Prunus domestica)*, weil ihre glatte Schale so gar nicht zu der samtigen Haut des Pfirsichs zu passen schien. Aber nach und nach wurden sich alle darüber einig, daß die Nektarine einfach eine Mutation des Pfirsichs ist. Deshalb wird sie heute als *Prunus persica* var. *nucipersica* bezeichnet. Früher hieß sie *Prunus persica* var. *nectarina*, und dieser Name schien verständlicher zu sein als »Walnuß-Pfirsich«, was *nucipersica* übersetzt bedeutet. Begnügen wir uns mit dem einfachen Namen »Nektarine«.

Sehr rot werden die Früchte der Sorten 'Red Roman' und 'Independence', die aus Amerika stammt, aber heute wegen ihres saftigen Fruchtfleisches und dem kräftigen Aroma, das ausgeprägter als bei anderen Kultursorten ist, in Frankreich und Italien angebaut wird. Hinzu kommt, daß ihr Stein sich leicht lösen läßt und sie deshalb in der Küche sehr beliebt ist. Auch bei 'Nectared 4' liegt der Stein in einer roten Hülle verborgen und läßt sich leicht herausdrücken, solange die Schale nur zu drei Vierteln gerötet ist. Hans den Engelsen vom »De Kloosterhoeve« dachte sich eine Leckerei aus, die an »Äpfel im Schlafrock« erinnert, sich aber etwas vornehmer »verkleidet«.

PFIRSICHE

Samtige Pracht

Pfirsiche haben eine Haut, auf die man neidisch werden könnte – zart, weich und samtig, egal, ob die Früchte noch am Baum hängen, als Leckerei auf dem Teller oder als Dekoration in Schalen arrangiert sind. Unter der Pfirsichhaut verbirgt sich noch mehr: Saftiges Fruchtfleisch und üppiges Aroma verlocken zu aufregenden Kombinationen, wie beispielsweise Pfirsiche mit einer Soße aus Estragon und Weißwein. (Fotografiert im Innenhof des Restaurants »De Kloosterhoeve« in Harmelen.)

Pfirsichbeignets mit Estragonsosse

(Für 4 Personen)

8 Pfirsiche

Für den Ausbackteig:

200 g Tempurateig-Fertigmischung (oder 200 g Mehl, 2 verquirlte Eier und 200 ml kaltes Wasser)

Für die Soße:

10 Zweige Estragon

100 ml Weißwein

100 ml frisch gepreßter Orangensaft

10 g Kartoffelmehl

Pfirsiche kurz in heißes Wasser tauchen, damit die Haut sich leichter ablösen läßt. Halbieren und die Steine herauslösen.

Tempurateig-Fertigmischung mit kaltem Wasser anrühren oder aus den angegebenen Mengen Mehl, Ei und Wasser einen Teig rühren (er sollte etwas dicker sein als für Pfannkuchen).

Die Estragonblätter von den Zweigen streifen und fein hacken. In der heißen Weißwein-Orangensaft-Mischung ziehen lassen; die Flüssigkeit etwas einkochen lassen. Vor dem Binden mit angerührtem Kartoffelmehl die Masse eventuell durch ein Sieb streichen, um die Blätter zu entfernen. Pfirsichhälften durch den Ausbackteig ziehen und bei 190 °C goldgelb fritieren. Mit Estragonsoße in tiefen Tellern servieren.

Pfirsiche im Kranz

Ein Lorbeerkranz für den Pfirsich – hier nicht aus echtem Lorbeer, sondern aus den Blättern vom Pfirsichbaum und aus süßem weißem Baiser gespritzt: eine kleine Ehrenbezeugung für eine großartige Frucht.

Pfirsichkuchen mit Baiserkranz
(Für 6 bis 8 Personen)
1 kg reife Pfirsiche, enthäutet und halbiert (zur Not auch aus der Dose)
1 Glas Aprikosenmarmelade (eventuell selbstgemachte, *siehe Seite 55**)*

Für die Englische Buttercreme:
9 Eier
500 g Butter
Mark von 2 Vanilleschoten
400 g Zucker
250 ml Sahne

Für den Mürbeteig:
260 g gesiebtes Mehl
1 Ei
½ Tl Salz
1 El Zucker
120 g Butter
3 El Milch

Für das Baiser:
100 ml Eiweiß (von etwa 3 Eiern)
50 g Puderzucker
150 g Zucker
50 ml Wasser

Für die Englische Buttercreme die Eier sorgfältig aufschlagen. Butter erhitzen; wenn sie kocht, das Mark der Vanilleschoten zufügen. Dann unter ständigem Rühren mit dem Schneebesen den Zucker einrieseln lassen. Die gut aufgeschlagenen Eier und zum Schluß die Sahne dazugießen. Die Masse abkühlen lassen.
Für den Mürbeteig das Mehl auf die Arbeitsfläche schütten, eine Vertiefung in die Mitte drücken und das Ei hineingeben. Salz, Zucker, weiche Butter und Milch zufügen. Mit der Hand zu einem geschmeidigen Teig kneten, zu einer Kugel formen und in Plastikfolie eingewickelt über Nacht im Kühlschrank ruhen lassen.
Den Teig ausrollen und eine mit Butter eingefettete Springform von 28 cm Durchmesser damit auslegen. 20 Minuten im vorgeheizten Backofen bei 200 °C blindbacken (also mit einer Ersatzfüllung aus Reis oder getrockneten Hülsenfrüchten auf Backpapier), damit der Rand nicht zusammenfällt. Anschließend die Füllung herausnehmen und die Form für weitere 5 Minuten in den Backofen schieben, damit der Boden gar wird.
Die Creme bis etwas unter den Rand auf den Kuchenboden gießen und 45 Minuten bei 160 °C backen.
Für das Baiser Eiweiß sehr steif schlagen; den Puderzucker während des Steifschlagens nach und nach zufügen.
In einem Stielpfännchen Zucker mit Wasser erhitzen (120 °C). Den Sirup unter ständigem Rühren in dünnem Strahl zum steif geschlagenen Eiweiß gießen. Noch einige Minuten weiterrühren, bis die Masse kalt ist.
Den Kuchen abkühlen lassen, dann mit den halbierten Pfirsichen belegen und mit der erwärmten Aprikosenmarmelade glasieren. Kurz vor dem Servieren einen hübschen Blätterkranz aus Baiser am Rand entlang spritzen und diesen unter einem sehr heißen Grill (240 °C mit viel Oberhitze) kurz bräunen.
In dieser Torte, die sich der Chefkoch des Restaurants »Het Tuynhuys« in Amsterdam ausgedacht hat, lassen Englische Buttercreme und Baiser zusammen mit Pfirsichen einen kulinarischen Höhepunkt entstehen.

Pyramiden auf italienische Art

In einem Land wie Italien, wo in der warmen Sonne viele Pfirsiche und Nektarinen reifen, entstehen auch viele aufregende Gerichte mit diesen Früchten.

Im Restaurant »Arnolfo« wurden um eine Pyramide aus Pfirsichcreme hauchdünn geschnittene Pfirsichscheiben (wahlweise Nektarinen) geschichtet – ein Dessert, das treffend die hügelige Landschaft um Siena widerspiegelt, wo die Brüder Gaetano und Giovanni Trovato in einem Dorf bei Colle di Val d'Elsa ihre nuancenreiche Kochkunst zelebrieren.

Pfirsich-Pyramide mit Mango- und Himbeercoulis

(Für 4 Personen)

4 Pyramidenförmchen

Für die Pfirsichcreme:
200 g weißes Pfirsichfruchtfleisch
½ Glas Moscato d'Asti (oder anderer Muskateller)
50 g Zucker
3 Blatt Gelatine
150 ml Sahne

Für die Coulis:
1 Mango
Saft von 1 Orange
100 g Himbeeren
50 g Zucker

Für das Pfirsicheis:
200 g Zucker
300 ml Wasser
½ Zimtstange
2 Bittermandeln
600 g Pfirsiche (500 g Püree)
Saft von 1 Limette

Weitere Zutaten:
2 harte Pfirsiche
4 Himbeeren zur Dekoration (vom Coulis zurückbehalten)

Für die Pfirsichcreme enthäutete weiße Pfirsiche in Stücke schneiden und mit Muskateller und Zucker in 15 Minuten weich kochen. Die Masse mit dem Mixer oder in der Küchenmaschine pürieren, wieder auf den Herd stellen und die zuvor eingeweichte und gut ausgedrückte Gelatine darin auflösen. Abkühlen und sämig werden lassen. Die Sahne steif schlagen, unter die Fruchtmischung heben und die Creme in Pyramidenförmchen füllen. In etwa 3 Stunden im Kühlschrank fest werden lassen.
Für den Mangocoulis die Frucht schälen, in Stücke schneiden und mit dem Orangensaft pürieren. Die Himbeeren mit dem Zucker pürieren.
Für das Eis Zucker im heißen Wasser auflösen und Zimtstange und Bittermandeln 15 Minuten darin ziehen lassen. Die Gewürze herausnehmen und das Zuckerwasser abkühlen lassen. Pfirsichpüree zufügen, Limettensaft unterrühren und für die Weiterverarbeitung in die Eismaschine geben. (Die Menge ist ausreichend, um etwas Vorrat zu haben.) Das Eis kann mit einem Schuß Amaretto aromatisiert werden; die Zubereitungszeit in der Maschine verlängert sich aber durch eine Alkoholzugabe.
Zum Schluß die beiden harten Pfirsiche mit der Schale in dünne Scheiben schneiden. Die Pyramiden aus der Form lösen, die beiden Coulis und die zurückbehaltenen Himbeeren um sie herum anrichten und die Pyramidenseiten mit übereinandergeschichteten Pfirsichscheiben verkleiden.

Pfirsich-Genuß in Italien

Üppig gedeckt und von herrlicher italienischer Sonne beschienen, stehen die Tische im Inneren und im Garten der »Locanda da Lino«, dem Gasthaus von Lino Toffoli, in Solighetto bei Treviso.

Lino ist nicht nur in der Region bekannt, in der er lebt. Er verschmilzt seine regional und traditionell verwurzelte Kochkunst mit so viel Phantasie und einem so ausgeprägten Sinn für Geschmackskombinationen, daß er auch Besucher aus der Ferne anlockt, worunter sich durchaus berühmte Persönlichkeiten finden. Deshalb wird dem »Da Lino« in diesem Buch etwas mehr Aufmerksamkeit gewidmet (siehe Seite 96 f. und 100 f.). Dieses Rezept einer Pfirsich-Tarte – die so süß und sonnenwarm ist wie die Sonnenblumensträuße, die die Tische des Restaurants schmücken – gibt einen Vorgeschmack auf die noch folgenden Köstlichkeiten.

Pfirsich-Tarte
(Für 6 bis 8 Personen)

Für die Füllung:
1 kg Pfirsiche
300 g Zucker

Für den Teig:
400 g Mehl
200 g weiche Butter
1 El geraspelte Zitronenschale
130 g Puderzucker
1 Messerspitze Salz
1 Eigelb
2 El Milch

Für die Füllung Pfirsiche häuten, in Stücke schneiden und mit dem Zucker 20 Minuten köcheln lassen. Für den Teig eine Vertiefung in das gesiebte Mehl drücken, Butter, Zitronenschale, Zucker, Salz und Eigelb hineingeben und mit den Händen vorsichtig zu einem Teig verkneten; dabei das Mehl nach und nach einarbeiten. Zum Schluß die Milch zufügen. Den Teig nicht zu lange bearbeiten, sonst wird er krümelig. Sollte das doch der Fall sein, ein Eiweiß einarbeiten. Teig mindestens 1 Stunde (am besten über Nacht) im Kühlschrank ruhen lassen. Danach den Teig ausrollen, eine Kuchenform damit auslegen und mit einer Gabel Löcher in den Boden stechen. Pfirsichkompott auf den Teig geben und aus den Teigresten ein Rautenmuster über die Pfirsichmasse legen. In den auf 180 °C vorgeheizten Backofen schieben und 30 Minuten backen. Kuchenstücke mit Vanillesoße servieren und mit Zimt und Puderzucker bestäuben.

BROMBEEREN

Zur Zierde

Die zierlichen, fruchttragenden Ruten der Brombeersträucher *(Rubus fructicosus)* eignen sich sehr gut für elegante Sträuße. Dies haben sie mit vielen anderen Mitgliedern der umfangreichen Gattung *Rubus* gemeinsam, die uns Köstlichkeiten verschiedenster Art auf den Tisch zaubern.

Für Gestecke lassen sich am besten die stachellosen Brombeer-Sorten verarbeiten. Man erkennt sie schon am Namen: 'Thornfree' und 'Thornless Evergreen' kann man ohne Handschuhe anfassen. Beide tragen sehr gute Früchte, und letztere ist ein immergrüner Strauch, dessen Blätter sich hübsch verfärben und daher für Driftersträuße besonders gut geeignet sind.
Himbeersträucher *(Rubus idaeus)* haben oft sehr weiche Ruten, die sich nur schwer zu Sträußen binden lassen. Sie sollten deshalb kurz abgeschnitten und zu kleinen Bündeln gesteckt werden. Sorten mit rosaroten, gelben und zartorangefarbenen Beeren sehen zusammen sehr hübsch aus. Beinahe schwarz sind die Früchte von 'Black Jewel'; allerdings gehört diese Sorte strenggenommen nicht zu den Himbeeren, denn sie trägt den botanischen Namen *Rubus occidentalis*.
Die Sträucher der Japanischen Weinbeere *(Rubus phoenicolasius)* haben zwar kräftige Ruten, aber mit vielen – wenn auch relativ weichen – Stacheln. Die hellroten Früchte schmecken hervorragend, sind jedoch so druckempfindlich, daß man sie nur selten im Handel findet. Am besten baut man sie selbst an.

An Klettergerüsten und gespannten Drähten sind die kräftigen Ruten mit ihren weißen Blüten eine wahre Augenweide. Nach der Blüte tragen sie Beeren in allen Farbstadien – von altrosa bis purpurschwarz.
In denselben aufregenden Farbnuancen lassen sich viele Köstlichkeiten aus Brombeeren anrichten: Ein Gelee in tiefem Burgunderrot wird in Verbindung mit Sahne kräftig lilarosa, die Früchte selbst sind dagegen fast schwarz. Hans den Engelsen, Chefkoch im Restaurant »De Kloosterhoeve« in Harmelen (Niederlande), bereichert diese Farben noch mit warmem Schokoladenbraun.

Saftige Beeren

Brombeeren und alle Kreuzungen, an denen *Rubus fruticosus* beteiligt ist – seien es die schon seit langem existierenden Arten wie die Loganbeere *(Rubus loganobaccus)*, die in Amerika Boysenbeere genannt wird, oder die relativ neue Züchtung aus Australien namens 'Silvanberry' –, haben nicht nur ihr herrliches Aroma gemeinsam, sondern auch ein saftiges Fruchtfleisch. Gewöhnlich unterscheiden sie sich nur durch ihre Form: die einen sind länglich, die anderen rund.

Brombeertörtchen mit Mousse und Gelee

(Für 6 Törtchen)

Für die Mousse:
250 ml Brombeerpüree
7 Blatt Gelatine
250 ml Sahne
100 g Zucker
1 Eiweiß

Für das Gelee:
250 g Brombeeren
100 g Zucker
100 ml Wasser
6 Blatt Gelatine

Für die Fertigstellung:
etwa 40 frische Brombeeren
6 Mousseförmchen, 200 g Zartbitterkuvertüre und stabile Plastikfolie oder 6 fertig gekaufte Schokoladenkörbchen

Brombeerpüree zum Kochen bringen.
Vom Herd nehmen, die zuvor eingeweichten Gelatineblätter darin auflösen und sämig werden lassen. Sahne und Zucker nicht zu steif schlagen; Eiweiß sehr steif schlagen. Zuerst die Sahne, dann das Eiweiß vorsichtig unter die Brombeermasse heben. Förmchen beziehungsweise gekaufte Schokoladenkörbchen zu zwei Dritteln mit der Mousse füllen und im Kühlschrank fest werden lassen.
Für das Gelee die Brombeeren mit Zucker und Wasser kurz kochen, durch ein Sieb streichen und die zuvor eingeweichten Gelatineblätter darin auflösen. Die Mousse in den Förmchen mit einer Lage frischer Brombeeren bedecken (etwa 6 Stück pro Törtchen) und darauf das leicht abgekühlte Gelee gießen. Im Kühlschrank erkalten lassen.
Falls Sie keine fertigen Schokoladenkörbchen verwenden, Plastikfolie in Streifen schneiden (sie müssen so breit sein, wie die Förmchen für die Brombeertörtchen hoch sind). Streifen mit einer dünnen Schicht geschmolzener Schokolade bestreichen. Die Moussetörtchen aus den Formen lösen, die Schokoladenstreifen ringsherum legen (mit der Plastikseite nach außen) und im Kühlschrank fest werden lassen. Kurz vor dem Servieren die Plastikfolie abziehen.

Brombeeren voller Aroma

Auch in Kombination mit anderen Früchten behauptet sich das volle Aroma der Brombeeren sehr gut, wie diese Hörnchen mit Cremefüllung und Früchten beweisen.

Das Hotel-Restaurant »Dolada«, das am gleichnamigen Berghang im Veneto liegt, bietet Genuß in Überfluß, denn außer kulinarischen Köstlichkeiten kann man von dort aus auch die vielen berühmten Wanderrouten der italienischen Alpen genießen. Und vom Hotel (mit nur sieben Zimmern) hat man einen wunderbaren Ausblick auf den See von Santa Croce. Jedes der sieben Zimmer ist in einem anderen Farbschema eingerichtet – und die Anzahl der Farben entspricht in diesem Rezept, das der Chefkoch des Hotel-Restaurants kreiert hat, der Anzahl unterschiedlicher Früchte, die die leckeren, mit Creme gefüllten Hörnchen begleiten.

Hörnchen mit Cremefüllung und Früchten

(Für 6 Personen)

Für die Hörnchen:
125 g Eiweiß (von 4 Eiern), zimmerwarm
210 g weiche Butter
125 g Puderzucker
180 g gesiebtes Mehl

Für die Füllung:
250 ml Sahne
500 ml Konditorcreme (siehe Seite 18)

Weitere Zutaten:
ein kräftiger Schuß Fior d'Agno (oder ein anderer Likör aus Zitrusfrüchten)
Himbeercoulis
gemischte Früchte (wegen der Geschmacksharmonie sollte es eine Mischung aus Brombeeren, Himbeeren, weißen, roten und schwarzen Johannisbeeren und Stachelbeeren sein)

Eiweiß luftig aufschlagen, die weiche Butter einrühren und anschließend Puderzucker und Mehl unterheben. So lange rühren, bis der Teig cremig wird.
Backblech mit Butter bepinseln und aus einem Sechstel des Teiges einen großen, 2 bis 3 mm dicken Teigkreis auf das Blech streichen. Bei 170 °C etwa 7 bis 8 Minuten backen, bis der Teig goldgelb ist. Anschließend den Teig sofort mit einer Palette vom Blech lösen und zu einem Hörnchen formen (dazu eine Form aus Karton oder Metall benutzen, um die der Teig gelegt wird). Abkühlen und fest werden lassen. In der Zwischenzeit den Teig für die anderen 5 Hörnchen ausstreichen und backen.
Für die Füllung die Sahne nicht zu steif schlagen und mit 300 ml Konditorcreme vermischen.
Die restliche Konditorcreme mit einem kräftigen Schuß Fior d'Agno verdünnen. (Dieser Likör besteht aus verschiedenen Zitrusfrüchten – in Italien »argumi« genannt – und gilt als Krönung der Produkte eines Likörherstellers, der sich im Val d'Agno in der Nähe von Lugano niedergelassen hat.) Man kann jedoch auch einen anderen Likör aus Zitrusfrüchten verwenden. Grand Marnier zum Beispiel eignet sich ebensogut, aber auch Cointreau oder Curaçao schmecken köstlich.
Mit der Likörsoße einen Spiegel auf den Teller gießen. Das mit besonders sahniger Konditorcreme gefüllte Hörnchen daneben legen, die Fruchtmischung hinzugeben und am Spiegelrand eine Spur aus Himbeercoulis ziehen. Kurz vor dem Servieren mit etwas Puderzucker bestäuben.

PFLAUMEN

Von stiller Schönheit

»Backpflaumen« nennt man Zwetschgen häufig respektlos – tatsächlich sind sie wegen ihres festen Fruchtfleisches und ihres kräftigen Geschmacks zum Backen und Trocknen ganz besonders gut geeignet. Eine »geistreichere« Verwendung finden sie zum Beispiel in Bosnien und Serbien, wo aus *Prunus domestica* 'Prozegaca' der berühmte Slibowitz gebrannt wird. Schon seit vielen Jahrhunderten ist es Sitte, daß der Branntwein zur Verfeinerung in Fässern aus Akazienholz reift.

'Belle de Louvian', deren Früchte hier am Baum hängen, ist eine alte Sorte, die aus Belgien stammt. Pflaumen mit bereifter Haut sind von eher zurückhaltender Schönheit – am Baum, wo sie die Sonne reifen läßt, aber auch auf Teller und Tafel, wo vor allem die Zwetschge mit ihrer schlanken Form und ihrer schönen Tönung sehr dekorativ wirkt.

Pflaumen in vielen Farben

Außer den üblichen Fruchtfarben präsentieren Pflaumen auch ein fröhliches Gelb, viele Rottöne, von denen einige beinahe in Orange übergehen, und natürlich Grün: 'Reine Claude Verte' ('Große grüne Reneklode') ist für ihren herrlichen Geschmack berühmt; ebenfalls grün und etwas größer ist die Sorte 'Ontario'.

Neben den dunkelvioletten bereiften Zwetschgen zeigen sich auch 'The Czar' und Pflaumen in Purpurtönen – unter den letzteren ist besonders die Sorte 'Monsieur Hâtif' bekannt.

Tiefrot – und mindestens so köstlich wie die grüne 'Reine Claude Verte' – sind 'Reine Claude d'Althan' ('Graf Althanns Reneklode'), die selbstbefruchtende 'Opal', die sich auch für kleinere Gärten eignet, weil sie zur Bestäubung keinen Nachbarbaum benötigt, und 'Harry Pickstone', eine süße Pflaume, die uns häufig sogar schon im Februar aus Afrika erreicht.

Hellrot sind die bekannte Sorte 'Reine Victoria' ('Königin Victoria'), die leicht und üppig Früchte trägt, und 'June Blood', die aus Amerika stammt und genau wie 'Beauty' zusätzliche Wärme benötigt.

Orange, früh und ausschließlich für Länder mit hohen Temperaturen und viel Sonne geeignet ist 'Burbank', die je nach Anbauland zwischen Januar (Chile und Südafrika) und Mai (Italien) angeboten wird. In diesem Zeitraum ist auch die aus Südafrika stammende Sorte 'Songold' erhältlich.

'Golden Japan' trägt große, gelbe Früchte und wird in vielen Ländern für den Export angebaut. Von Januar bis Mai kommen die Pflaumen aus sehr warmen Ländern wie Südafrika und dem Süden der Vereinigten Staaten, von Juni bis August aus Frankreich und Italien.

Gelb und klein sind dagegen die Kirschpflaume, die nicht der Art *Prunus domestica* angehört, sondern die botanische Bezeichnung *Prunus cerasifera* trägt, sowie die Mirabelle *(Prunus domestica* ssp. *syriaca).* Mirabellenbäume sind in großen Gärten eine wahre Augenweide: Ihre Blüten duften nicht nur, sondern erscheinen auch am frühesten von allen blühenden Bäumen, und der Laubfall setzt am spätesten ein. Daher eignen sie sich besonders gut für die Gartengestaltung und bieten einen Großteil des Jahres einen äußerst hübschen Anblick.

Noch kleiner und bläulich sind die Früchte des Schlehdorns *(Prunus spinosa).* Sie sollten nicht roh verzehrt werden, lassen sich aber gut zum Kochen in Kombination mit Fleisch – wie bei der Kaninchenkeule mit schwarzen Johannisbeeren auf Seite 45 – oder zum Aromatisieren von Getränken verwenden (denken Sie zum Beispiel an Eau-de-vie de Prunes Sauvages).

1500

Fungo Cesena

Pflaumen mit königlichen Namen

'Reine Victoria' ('Königin Victoria') ist sicher eine der am meisten angebauten Pflaumen-Sorten. Das liegt zum einen daran, daß diese Pflaume gekühlt eine ganze Weile aufbewahrt werden kann, zum anderen am saftigen Fruchtfleisch, das sie entwickelt, wenn sie vollständig ausreifen konnte.

Reine Claude Verte' ('Große grüne Reneklode') ist die älteste Sorte der 'Reine Claude'-Gruppe; sie ist nach Königin Claude (Claudia), der Gemahlin des französischen Königs Franz I., benannt und wird bereits im 16. Jahrhundert schriftlich erwähnt. Später entstanden aus dieser Sorte 'Reine Claude d'Oullins' ('Reneklode von Oullins'), deren Früchte eher gelb sind, und die dicke, runde tiefrote 'Reine Claude d'Althan' ('Graf Althanns Reneklode'). Die von den Bäumen gepflückten Pflaumen werden steigenweise angeboten und zum Kochen von Marmeladen und Gelees sowie zum Backen von Kuchen und Torten verwendet. Meist wählt man dafür Zwetschgen, aber auch andere Pflaumen mit festem Fruchtfleisch sind geeignet. Die folgenden beiden Rezepte sollen Sie auf den Geschmack bringen – das eine stammt aus einem alten französischen Kochbuch und kombiniert Pflaumen mit Mandeln, starkem Tee und Pflaumenbranntwein, das andere ist im Handumdrehen zubereitet und bietet sich für unerwarteten Besuch an.

Tarte aux pruneaux

(Für 6 bis 8 Personen)

Für den Teig:
100 g kalte Butter, in kleine Stücke geschnitten
150 g Mehl
60 g Zucker
1 großes Ei

Für die Füllung:
1 ½ kg Pflaumen, halbiert und entsteint
sehr starker schwarzer Tee
gleiche Menge Slibowitz (aus Zwetschgen) oder Eau-de-vie de Prunes Sauvages (aus wilden Pflaumen oder aus Schlehdornfrüchten)
100 g Mandelsplitter
125 g Zucker
2 Eier

Aus der Butter, dem gesiebten Mehl und dem Zucker einen Teig kneten und zum Schluß das Ei einarbeiten. In Plastikfolie wickeln und einige Stunden im Kühlschrank ruhen lassen.
Am Abend zuvor die Pflaumen in einer Schüssel mit starkem Tee und Pflaumenbranntwein (Mischungsverhältnis 1:1) einlegen, so daß die Pflaumen das Aroma gut annehmen.
Eine eingefettete Tarte- oder Quicheform mit dünn ausgerolltem Teig auslegen. (Eine viereckige Form mit einem hohen Rand wie hier auf dem Foto sieht hübsch aus, denn sie erinnert an eine Obststeige.)
In der Rührschüssel der Küchenmaschine Mandeln mit Zucker und den Eiern mischen und die Masse auf den Boden der Tarteform streichen. Die Tarte bei 180 °C im vorgeheizten Ofen 30 Minuten backen, bis sie goldbraun und gar ist.
Kurz vor dem Servieren mit den abgetropften Pflaumen belegen. Eine Soße aus gleichen Teilen Sahne und Crème fraîche mit etwas Zitronensaft und Puderzucker schmeckt ganz vorzüglich zu der Tarte.
Im Handumdrehen fertig ist folgendes Rezept: Eine Form mit tiefgefrorenen Blätterteigplatten auslegen und 15 Minuten im vorgeheizten Ofen bei 200 bis 225 °C blindbacken (mit einer Ersatzfüllung). Dann eine Lage Pudding oder Creme (zum Beispiel aus einer Fertigpackung) daraufgeben und mit kurz in Zuckersirup heiß gemachten Zwetschgen belegen.

Kuchengenuß mit Pflaumen

Pflaumen sind schon seit Jahrhunderten bekannt und werden in vielerlei Farben und Formen gerne verzehrt. Mit Pflaumen lassen sich herrliche Kuchen der verschiedensten Art herstellen.

Frau E. van Gemert-Moonen, die in Brunssum in der Provinz Limburg (Belgien) wohnt, präsentiert uns einen traditionellen Limburger Zwetschgenfladen, und »Puccini« in Amsterdam zaubert eine Crème-fraîche-Tarte mit Pflaumen. Beide stehen Seite an Seite auf einem hübsch dekorierten Tisch im wunderschönen Garten von Frau Ineke Greve in Heerlen, ein Ort, der sich ebenfalls in der Provinz Limburg befindet.

Limburger Zwetschgenfladen

(Für einen Fladen von 35 cm Durchmesser; für einen Fladen von 20 cm Durchmesser die Zutaten halbieren)

Für den Teig:
250 g Mehl
75 g Butter
15 g Hefe
30 g weißer Farinzucker
1 Prise Salz
150 ml lauwarme Milch
1 verquirltes Ei

Fladenform oder andere niedrige Backform von 35 cm Durchmesser, mit Butter ausgepinselt

Für den Belag:
750 bis 1000 g Zwetschgen
Zucker und Zimt nach Geschmack

Die Hefe in etwas lauwarmer Milch auflösen. Aus allen Zutaten einen geschmeidigen Teig kneten, mit einem Tuch abdecken und 30 bis 60 Minuten an einem warmen Platz gehen lassen. Teig ausrollen, die gefettete Form damit auslegen und die Form noch eine Weile abgedeckt ruhen lassen, damit der Teig noch einmal gehen kann. Während dieses Vorgangs mit einer Gabel Löcher in den Boden stechen, damit der Teig nicht zu stark aufgeht.
In der Zwischenzeit die Zwetschgen entsteinen und vierteln. Am Rand beginnend, die Zwetschgenviertel mit der Haut nach unten ringsum auf den Teig legen. Den nächsten Kreis so anordnen, daß die Pflaumen sich dachziegelartig überlappen. Fortfahren, bis der ganze Boden bedeckt ist. Zucker mit Zimt nach Geschmack mischen und über die Pflaumen streuen (oder erst bestreuen, wenn der Fladen fast fertig ist).
Die Form für 20 Minuten in den auf 200 °C vorgeheizten Ofen schieben.
Dazu schmeckt halbsteif geschlagene Sahne und/oder ein Löffel Pflaumenkompott besonders gut.

Crème-fraîche-Tarte mit Pflaumen

(Für eine Tarte von 30 cm Durchmesser)

Für den Teig:
235 g Mehl
465 g Butter (zimmerwarm)
335 g Puderzucker
1 Messerspitze Salz
abgeriebene Schale von 1 Zitrone
165 g Ei (etwa 3 nicht zu große Eier)
100 g Mandelsplitter (in etwas Butter goldbraun geröstet)

Für die Füllung:
440 g Crème fraîche
135 g Zucker
4 Eier
abgeriebene Schale von ½ Zitrone
Saft von 2 Zitronen

Für den Belag:
1 kg blaue Pflaumen
½ l Wasser
150 g Honig
Saft von 2 Zitronen

Für den Teig Mehl, Butter, Zucker, Salz und Zitronenschale mit zwei Messern in einer Schale oder Schüssel durcheinander hacken. Wenn der Teig krümelig wird, die verquirlten Eier und die Mandelsplitter zufügen, kurz durchkneten und den Teig im Kühlschrank ruhen lassen. Danach den Teig etwa ¾ cm dick ausrollen und eine gefettete und mit Mehl bestäubte Springform (von 30 cm Durchmesser) damit auslegen. Die Form in den Kühlschrank stellen, damit der Teig fest wird.
Den Boden in einem auf 175 °C vorgeheizten Ofen etwa 15 Minuten blindbacken (mit einer Ersatzfüllung aus getrockneten Hülsenfrüchten oder Reis auf Backpapier). Dann die Füllung herausnehmen und weiterbacken, bis der Boden goldgelb ist. Prüfen, ob Risse in der Kruste sind, und diese eventuell mit kleinen Teigresten abdichten.
Für die Füllung Crème fraîche mit Zucker, verquirlten Eiern, Zitronensaft und -schale mischen, in die noch warme Form gießen und die Tarte bei 150 °C etwa 20 Minuten backen. Wenn die Füllung sich wölbt, ist sie fertig.
Pflaumen halbieren und entsteinen. Wasser mit Honig und Zitronensaft zum Kochen bringen und die Pflaumen darin sanft pochieren (je nach Pflaumen-Sorte 1 bis 3 Minuten). Abtropfen und etwas abkühlen lassen und die Tarte damit belegen. In die oben liegenden Pflaumenhälften Mandeln mit Schale stecken, als ob es Steine seien. Eventuell Aprikosenmarmelade mit etwas Pflaumenkochflüssigkeit verdünnen und die Früchte damit glasieren.

Tafel-freuden mit Pflaumen

Eine Fruchtform in dieser interessanten Farbpalette lädt zu Dekorationen ein, bei denen deutlich kontrastierende Farben für ein aufsehenerregendes Bild sorgen. Durch die Verwendung gläserner Schalen und Gefäße wirken die Pflaumen, als schwebten sie zwischen den Blumen. Hübsch ist dabei die blaue Sternenblüte dieser Sorte von *Solenopsis axillaris* mit dem treffenden Namen 'Blue Stars'. Stolz um sie herum gruppiert, jede in ihrem eigenen Glasbehälter, lockern die Blütenrispen von *Penstemon* 'Early Bird' in verschiedenen Rosatönen diesen Tafelschmuck auf, der von süßen Sommertagen erzählt.

BIRNEN

In Form gebracht

Birnbäume lassen sich einfach in einer gewünschten Form erziehen. Das können Kandelaber sein wie hier, aber auch Fächer oder Kordons sind möglich. Der Hauptstamm und die Seitentriebe sind inmitten der weißen Blütenpracht immer deutlich zu sehen. Die Birnen wachsen brav in der vorgegebenen arteigenen Form – die langgestreckte der *Pyrus communis* 'Conference' läßt aber auch Raum für einen anmutigen Schnörkel.

Symphonie in Grün und Weiß

Grüne Früchte an grünen Bäumen auf grünem Land – eine Symphonie aus Grüntönen, die durch einen weißen Tupfer belebt wird. In diesem Fall ist es ein beweglicher Tupfer in Gestalt eines Schimmels. Weiß ist auch das Bett aus Kristalleis, auf dem die 'Williams'-Birnen angerichtet sind – hocharomatische Früchte der Sorte *Prunus communis* 'Williams Bon Chrétien', die durch Liköre und Birnenwässer bekannt und beliebt sind. Im Restaurant »Het Tuynhuys« in Amsterdam wird solch ein geisthaltiges Getränk für ein Dessert aus frischen 'Williams'-Birnen verarbeitet.

'Williams'-Birne auf Poire-Williams-Kristalleis

(Für 4 Personen)
4 'Williams'-Birnen
2 Schnapsgläser Eau-de-vie de Poire Williams (Birnenschnaps)
200 ml Wasser

Für die Kochflüssigkeit:
1 Flasche trockener Weißwein
300 ml Eau-de-vie de Poire Williams
1 aufgeschlitzte Vanilleschote
1 geviertelte Orange
dünn geschnittene Schale und Saft von 2 Zitronen
250 g Zucker

Birnen dünn schälen und alle Zutaten für die Flüssigkeit zum Kochen bringen. Die Birnen hineingeben, wieder aufkochen und dann bei schwacher Hitze 15 Minuten gar ziehen lassen. Die Birnen in der Kochflüssigkeit abkühlen lassen.
In einer Gefrierdose einen halben Liter der abgekühlten Kochflüssigkeit mit zwei Schnapsgläsern Eau-de-vie de Poire Williams und 200 ml Wasser mischen. Die Dose ins Gefrierfach des Kühlschranks oder in die Tiefkühltruhe stellen und die Flüssigkeit ganz gefrieren lassen. Nach jeweils 30 Minuten umrühren, damit sich schöne Kristalle bilden.
Kristalleis in Schalen füllen und die Birnen darauf anrichten.

Gestapelt und eingepackt

Birnen in verschiedenen Größen und Farbnuancen bieten sich zum »Stapeln« in spätsommerlichen Arrangements an. Tessa van Dam Merrett kombinierte sie hier mit den Trauben purpurner Früchte von *Leycesteria formosa*, den unreifen, grünen Beeren von Efeu und den reifen, rostfarbenen Zapfen von Hopfen. Hans Brouwer füllte grüne Birnen mit Blauschimmelkäse und umgab sie mit einem Mantel aus goldgelbem Blätterteig.

Birnen im Blätterteigmantel

(Für 4 Personen)
4 große, reife Tafelbirnen
100 g Gorgonzola oder anderer Blauschimmelkäse
100 g Mascarpone
1 Paket tiefgefrorener Blätterteig (10 Platten)
1 Eigelb, mit 1 El Sahne verquirlt
fettundurchlässiges Backpapier und Butter

Den Stiel an den Birnen lassen und das Kerngehäuse von unten entfernen. Wenn nötig, unten eine Scheibe abschneiden, damit die Birnen stehen bleiben. Die beiden Käse verrühren und die Birnen damit füllen. Pro Birne zwei Platten Blätterteig zum Einpacken verwenden. Aus dem restlichen Teig Blätter ausschneiden, Blattadern eindrücken und die umhüllten Birnen damit verzieren. Eine Auflaufform großzügig mit Backpapier auslegen (es muß über den Rand hängen), mit Butter bepinseln und die Birnen daraufsetzen. Den Blätterteig mit der Eier-Sahne-Mischung bestreichen. Das Backpapier über den Birnen zusammenfalten und die Form für 15 Minuten in den auf 200 °C vorgewärmten Backofen schieben. Warm oder kalt servieren.

Duft und Farbe von Birnen

Birnenblüten in Frühlingssträußen – schneeweiß wie die von Kirsche und Pflaume. Birnen gibt es in vielen Grünschattierungen, aber auch in roten und gelben Tönungen. Dekorativ und keck mit aufrechten Stielen sitzen sie auf dieser Mokkatorte mit einem Hauch italienischem Temperament, die von »Puccini« in Amsterdam hergestellt wurde. Was der Birnbaum uns bietet, ist eigentlich immer hübsch anzusehen und vor allem sehr lecker.

Mokkatorte mit gedämpften Birnen
(Für 6 bis 8 Personen;
Springform von 30 cm Durchmesser)

Für den Teig:
6 Eier
150 g Zucker
1 El Wasser
120 g Mehl
30 g Kakaopulver
Mischung aus Puderzucker und Kakaopulver zum Bestäuben des Teigs

Für die Füllung:
155 g Eigelb (von 7 bis 8 Eiern)
80 g Zucker
600 ml Sahne
8 Blatt Gelatine
250 ml Sahne
8 kleine Tassen (16 bis 20 El) »ristretto« (doppelt starker Espresso. Zubereitung in der Espressomaschine mit der halben Wassermenge, die für Espresso verwendet wird. Eine Tasse ergibt 2 bis 2 ½ El »ristretto«)
75 g Zartbitterschokolade

Für den Belag:
1 kg kleine Kochbirnen
50 ml Wasser
200 g Honig
1 Vanilleschote
1 Zimtstange
Saft und Schale von 1 Orange
Saft von 1 Zitrone

Für den Teig die Eier trennen. Eigelb mit 50 g Zucker cremig schlagen. 1 El Wasser unterrühren. Eiweiß in einer fettfreien Schüssel steif schlagen. Dabei nach und nach den restlichen Zucker unterrühren. Eigelbmischung unter die Eiweißmasse heben.
Mehl und Kakaopulver sieben. Ein Viertel der Mischung vorsichtig unter die Eiermasse rühren. Wieder von der Mehl-Kakao-Mischung (jeweils ein Viertel) dazugeben und unterheben. Fortfahren, bis das ganze Mehl aufgenommen worden ist und ein glatter Teig entsteht.
Einen Spritzbeutel mit der Masse füllen. Ein Backblech mit Backpapier auslegen und drei Kreise von 26 cm Durchmesser und zwei Streifen von 5 cm Breite und 45 cm Länge daraufmalen. Zuerst die Streifen in Zickzackbewegungen mit Teig ausspritzen (für einen dekorativen Tortenrand). Dann die Kreise mit dem Teig füllen. Für die Randstreifen sollte der Teig etwa 1 cm dick sein; die Böden dürfen etwas dünner sein. Den Teig mit einer Mischung aus Puderzucker und Kakao bestäuben und etwa 10 Minuten in einem auf 200 °C vorgeheizten Ofen backen.
Der Kuchen ist gar, wenn er sich leicht vom Papier löst. Böden und Rand vom Papier lösen, etwas abkühlen lassen. Die beiden Streifen aufrecht in eine Springform setzen, einen der Böden hineinlegen.
Für die Füllung Eigelb mit Zucker cremig schlagen. Die Sahne (600 ml) langsam zum Kochen bringen, vom Herd nehmen und etwas davon zur Eiermischung geben. Verrühren und zu der restlichen Sahne gießen.
Bei schwacher Hitze oder – noch besser – im Wasserbad weiterschlagen, bis die Mischung gut bindet. Vom Herd nehmen, die zuvor eingeweichten und gut ausgedrückten Gelatineblätter darin auflösen und den »ristretto« mit der sehr fein zerkleinerten Schokolade unterrühren.
Die Mischung abkühlen und sämig werden lassen. Dann die geschlagene Sahne (250 ml) unterheben.
Eine Lage Füllung in die vorbereitete Springform geben, den zweiten Boden darauflegen und den Vorgang wiederholen. Die oberste Lage muß aus Füllung bestehen. Den Kuchen in den Kühlschrank stellen, damit die Füllung fest wird.
Für den Birnenbelag Wasser mit Honig, aufgeschlitzter Vanilleschote, Zimtstange, dünn abgeschälter Orangenschale, Orangensaft und Zitronensaft zum Kochen bringen. Die Birnen schälen, das Kerngehäuse von unten entfernen, den Stiel aber an den Birnen lassen. In dem aromatischen Sud sanft garen lassen, bis sie bißfest sind. Abtropfen und abkühlen lassen. Die Torte aus der Form lösen und die Birnen daraufschichten.

Normalerweise werden Birnbäume sehr alt und tragen am besten, wenn verschiedene Sorten zusammenstehen, damit die Insekten sie wechselweise bestäuben können. Manche Sorten sind selbstbefruchtend – wie 'Conference' ('Konferenzbirne') –, tragen dann aber kernlose Früchte mit weniger Aroma und häufig auch in außergewöhnlichen Formen. Winterhart und groß sind die Mostbirnbäume – auch sie werden sehr alt. Man kann sie noch auf alten Landsitzen finden, wo man wegen ihrer Schönheit an ihnen festhält, auch wenn Apfelcidre und Destillate aus Äpfeln die Getränke aus Mostbirnen verdrängt haben. Wer die Früchte nicht verarbeiten will, hat trotzdem Freude an den Bäumen, weil sie üppig blühen und Insekten anlocken. Die Früchte, die roh bitter schmecken, füllen unzählige Vogelmägen. Viele Kochbirnen-Sorten, wie die frische grüne 'Kamper Venus' hier vor dem Wolkenhimmel, haben beinahe schon »Altertumswert«. Diese Sorte reift erst spät im Jahr und wurde bereits 1740 als gute und schmackhafte Birne beschrieben. Die leckersten Tafelbirnen, die bei uns und in den benachbarten Ländern wachsen, sind neben 'Conference' ('Konferenzbirne', die schon 1884 bekannt war) 'Beurré Hardy' ('Gellerts Butterbirne', von Bonnet aus Boulogne-sur-Mer um 1820 gezüchtet), 'Clapp's Favorite' ('Clapps Liebling', von Thaddeus Clapp in Dorchester, USA, um 1860 gezüchtet) und 'Doyenné du Comice' ('Vereinsdechantsbirne'), die aus Angers stammt und 1849 zum erstenmal Früchte trug. Etwas mehr Wärme benötigt die aus Australien stammende 'Packham's Triumph', die sich in Italien und Südfrankreich heimisch fühlt. Dort wird auch die hocharomatische 'Williams Bon Chrétien' angebaut, die um 1770 von dem Lehrer Stair in England gezüchtet wurde. Bekannt gemacht hat sie die Baumschule Williams in Turnham Green, von wo aus sie mit ihrem ganz besonderen Aroma die Welt eroberte. In den USA nennt man sie 'Bartlett' (nach dem Importeur), in Südafrika 'Bon Chrétien' und bei uns meist 'Williams'.

Birnen mit Käse

In der »Locanda da Lino« in Solighetto zieren Birnen eine Käsetafel, da richtig saftige, aromatische Tafelbirnen sich auch neben einem Käse gut behaupten können. Die Sorte 'Passe Crassane' ('Edelcrassane') stammt ursprünglich aus Frankreich, wird heute aber überwiegend in Italien angebaut. Die Früchte sehen aus wie rohe, rostfarbene Äpfel und schmecken frisch, süß und saftig. Sie lassen sich gut mit mildem Käse kombinieren.

Birnen für jedes Klima

Birnbäume haben es gerne warm und sonnig, wie beispielsweise die Sorten 'Williams' und 'Passe Crassane' ('Edelcrassane'), aber auch in kühleren Gebieten fühlt sich *Pyrus communis* (mit vielen Varietäten und Kulturformen) durchaus wohl und trägt reichlich saftige, aromatische Früchte.

FEIGEN

Mit Käse

Fruchtige Süße zum Käse – eine bekannte und geschätzte Kombination. Birnen und Trauben fehlen nie, wenn Käse auf dem Speisezettel steht. Und in Ländern, in denen Feigen in großen Mengen an den Bäumen reifen, gehören auch sie zur Käseplatte oder Käsetafel. In Italien zum Beispiel werden auf den Märkten die herrlichsten Käse Seite an Seite mit Früchten präsentiert.

Antonio, der Besitzer des Amsterdamer Restaurants »Sette Bello« (benannt nach der »goldenen Sieben« in einem neapolitanischen Kartenspiel namens »Scopa«), stammt aus Italien – genauer gesagt aus Mondragone nördlich von Neapel am Golfo di Gaeta. Dieses Gebiet, in dem viele Obstbäume angebaut werden, ist auch wegen seiner Käse berühmt, denn hier gibt es den besten »mascarpone di bufalo« in ganz Italien – und hier wird er wirklich noch aus Büffelmilch gemacht. Auch für Mozzarella, diesen herrlich frischen Käse, der heute beinahe überall aus Kuhmilch hergestellt wird, verwendet man dort noch immer Büffelmilch. Ricotta (aus Kuh- oder Schafsmilchmolke) gibt es in vielerlei Formen und Konsistenzen. Provolone (aus Kuhmilch) fällt besonders seiner Form wegen auf – er wird zum Reifen in Zylinder- oder die typischen Kegelstumpfformen gepreßt und aufgehängt. Die großen, bröckeligen Stücke des Parmesans (aus Kuhmilch) verführen wie der etwas würzigere Pecorino (aus Schafsmilch) zum Kauf. Caciocavallo ist ein dicker, kürbisförmiger Käse, der wie der Provolone zu den Knet- oder Brühkäsen gehört, dessen junge, noch nicht ausgereifte Exemplare deutlich die Knetschichten erkennen lassen.
Nicht übersehen sollte man die Blauschimmelkäse Gorgonzola und den etwas milderen Dolcelatte. Es gibt große Töpfe mit kleinen, frischen Kräuterkäsen in Öl oder in Salzlake und dicke braune Rollen kurzgeräucherter Käse. Bei dieser Vielfalt an Käsesorten ist es gar nicht so einfach auszuwählen, welchen Käse man zu Feigen (oder Birnen und Trauben) genießen möchte …

Feigen mit Schinken

Wer sich in der »Locanda da Lino« in Solighetto (Italien) niederläßt, findet sich unter einem Baldachin von kupfernen Kesseln und Stielpfännchen wieder, in denen Tausende von Soßen angerührt wurden. Die Tische sind stets mit Blumen geschmückt – im Sommer wird man oft vom strahlenden Gelb der Sonnenblumen empfangen, und auf den Tellern finden sich – je nach Saison – immer wieder neue Köstlichkeiten.

Hier sind es frische Feigen mit Parmaschinken (er gilt immer noch als der beste italienische Schinken, aber jeder Landstrich hat seine eigenen Rezepte für die Schinkenherstellung) und ein Salat aus Steinpilzen und Parmesan. Kein Wunder also, daß viele bekannte Italiener (früher auch häufig Marcello Mastroianni) den Weg nach Solighetto zu Lino Toffoli gefunden haben.

Frische Feigen mit Parmaschinken und Steinpilzsalat

Frische Feigen schälen und halbieren. Den Parmaschinken in hauchdünne Scheiben schneiden. Steinpilze roh in sehr dünne Scheiben schneiden und in gutem, kaltgepreßtem Olivenöl mit etwas Zitronensaft, Salz, Pfeffer und gehackter Petersilie ziehen lassen. Feine Parmesanspäne darunterheben.

Frisch auf den Tisch

Wenn zu Beginn der Feigensaison die ersten weißfleischigen Feigen reif werden, kommt das in wärmeren Ländern einer »Premiere« gleich – wie bei uns der neue Hering und das erste Kiebitzei. Sie werden sorgfältig sortiert angeboten und genossen. Es gibt auch Kultursorten, deren Früchte in einer zartgelben Schale an den Bäumen hängen; sie heißen 'White Fig' und 'White Marseilles'. In Italien sorgt *Ficus carica* 'White Ischia' für den Premierengenuß. Sie ist nach der Insel benannt, die vor der neapolitanischen Küste liegt.

3000

Doppelter Genuß

In wärmeren, südlichen Regionen gibt es kaum ein Landhaus, in dessen Garten nicht mindestens ein Feigenbaum steht – hin und wieder findet man sogar einen Feigenbaumhain.

Manche Sorten sind Selbstbestäuber, so daß ein Baum genügt, aber zwei sehen natürlich hübscher aus, und die Ernte ist umfangreicher. Häufig stehen eine weiße Sorte (zum Beispiel 'White Ischia' wegen der frühen, hellen Früchte) und eine blaubereifte einträchtig nebeneinander. Wenn nur wenig Platz vorhanden ist, werden die Äste gestützt, damit unter den Bäumen noch etwas anderes Leckeres wachsen kann – hier dienen zum Beispiel Bohnenstangen als Stütze, an der manchmal auch Tomaten hochgebunden werden, so daß der Platz doppelt genutzt wird. Auch Feigen eignen sich für eine »Doppelnutzung«. Auf den vorangegangenen Seiten wurden sie mit Herzhaftem wie Käse und hauchdünnen Schinkenscheiben kombiniert, hier bieten sie süßen Genuß: Kleine Blätterteigtörtchen mit etwas frischer Creme, die mit Zitronensaft aromatisiert wurde, und frischen Feigenstückchen, deren hellgrüne, glasierte Haut glänzt. Auf diese Art werden frische Feigen häufig serviert – zum Beispiel auf sonnenüberfluteten italienischen Terrassen.

Feigen mit Orangen

Das süße, zarte Fruchtfleisch der Feigen, das in einer dünnen, ebenfalls eßbaren Haut steckt, schmeckt auch gekocht zusammen mit anderen Früchten und Gewürzen köstlich. Im folgenden Rezept aus dem Restaurant »Het Tuynhuys« in Amsterdam werden sie mit Orangen und dem Mark von Vanilleschoten kombiniert, die an einer Orchidee namens *Vanilla planifolia* wachsen.

Feigen in Orangensirup

(Für 4 Personen)
16 reife Feigen
½ l Weißwein
500 g Zucker
Mark von 1 ½ Vanilleschoten

Für den Sirup:
10 Orangen
300 g Zucker
Mark von 1 Vanilleschote

Wein mit Zucker und Vanillemark zum Kochen bringen und rühren, bis der Zucker sich aufgelöst hat. Vorsichtig die ganzen Feigen hineinlegen und die Flüssigkeit wieder zum Kochen bringen. Den Topf dann sofort vom Herd nehmen, mit einem Tuch abdecken und die Feigen abkühlen lassen. Für den Sirup mit dem Zestenreißer die äußere Schale der Orangen in dünnen Streifen abziehen (oder die Früchte mit einem scharfen Messer dünn schälen und die Schalen in feine Streifen schneiden). Die Orangen auspressen und den Saft mit 100 g Zucker und dem Vanillemark zum Kochen bringen und auf die Hälfte einkochen lassen. Die Orangenschalen in reichlich kochendem Wasser blanchieren und gut abspülen. Diesen Vorgang dreimal wiederholen. 200 ml Sirup abmessen und mit den restlichen 200 g Zucker in einen Topf geben.
Die Orangenschalen darin bei schwacher Hitze 20 Minuten ziehen lassen. Die Schalen und die Kochflüssigkeit mit dem restlichen Sirup verrühren, in eine breite Schüssel gießen und die Feigen hineinlegen. Über Nacht an einem kühlen Ort durchziehen lassen.

Gratinierte Feigen

Feigen werden auch »Paradiesfrüchte« genannt – und nicht nur wegen des Feigenblattes ... Die sonnenbeschienenen Zweige voll reifender Früchte sind ein Anblick von paradiesischer Schönheit, und die aufgebrochene Frucht mit ihrem aromatischen, saftigen Fruchtfleisch und den zartschmelzenden Kernen ist ein paradiesischer Genuß. Dort, wo Feigen vom Baum gepflückt werden, finden sie in einer Vielzahl von Zubereitungsarten ihren Weg auf den Teller. Im Hotel-Restaurant »Dolada« in Plois serviert man sie mit einer Zabaione aus Muskateller.

Feigengratin mit Muskateller-Zabaione
(Für 4 Personen)
8 Feigen, in Scheiben geschnitten
4 Kugeln Vanilleeis
Puderzucker
Für die Zabaione:
7 Eigelb
150 g Zucker
250 ml Muskateller

Eigelb mit dem Zucker kalt cremig schlagen. Den Wein in die Mischung rühren und im Wasserbad bei schwacher Hitze unter ständigem Rühren binden. Zum Abkühlen das Gefäß in eine Schüssel mit Eiswürfeln stellen und gleichmäßig weiterrühren.
Auf jeden Teller eine Lage Zabaione gießen, einen Kreis aus Feigenscheiben darauflegen und in einem sehr heißen Ofen kurz gratinieren. Mit Puderzucker bestäuben, eine Kugel Vanilleeis in die Mitte legen und sofort servieren.

KAKTUSFEIGEN UND PITAHAS

Stachelige Kaktusfrüchte

Nur die ähnliche Form erinnert bei den Kaktusfeigen an ihre Namensvettern. In England heißen sie zu Recht »prickly pear« (stachelige Birne), denn die am Scheibenkaktus *Opuntia ficus-indica* reifenden Kaktusfeigen sind wirklich stachelige Früchte. Deshalb werden sie oft – genau wie die Pitahas, die an einer anderen Kakteenart reifen – im wahrsten Sinne des Wortes »geschoren« auf den Markt gebracht.

Die Opuntie ist ursprünglich in verschiedenen warmen und trockenen Gebieten der Vereinigten Staaten zu Hause, kommt aber verwildert in beinahe allen mediterranen oder klimatisch verwandten Gebieten der Welt vor. Nur wenig ist erforderlich, damit sie blüht und Früchte trägt. Die Blüten sind schön und groß und bersten beinahe vor Nektar, der viele Bienen anlockt. Von nahezu allen *Opuntia*-Arten wird Honig gewonnen, sortenreiner Honig sogar, wenn genug Kakteen von einer Sorte zusammenstehen. Die Ernte ist mühsam – das liegt an den

vielen kleinen Stacheln der Frucht und den großen Stacheln der Kakteenscheiben, an denen die Früchte wachsen. Diese Stacheln sollen uns nicht das Vergnügen an den Früchten verderben, sondern durstige Wüstentiere davon abhalten, die saftigen unteren Kaktusteile zu fressen. Kaktusfeigen (auch Indische Feige, Stachelbirne oder Feigendistel genannt) werden in der Regel frisch gegessen oder ausgelöffelt, aber auch gebackene Scheiben schmecken sehr gut zu Fleisch oder Geflügel. Die orange Farbe des Fruchtfleisches bleibt dabei sehr schön erhalten.
Pitahas wachsen an »Kletterkakteen«, die sich gerne auf ein Gestell oder an einen Lattenzaun stützen, der ihnen auf den Plantagen auch zur Verfügung gestellt wird. Die Früchte – besonders die weißfleischigen – schmecken so wundervoll, daß die Züchter in warmen Ländern die Spaliere für die Pflanzen großflächig aufstellen. Das Anbinden erleichtert die Ernte, denn auch wenn die dreikantigen Zweige der *Hylocereus*-Arten längst nicht so stachelig sind wie die *Opuntia*-Scheiben, die Früchte sind es um so mehr. Bei der Ernte tragen die Erntehelfer Lederhandschuhe und schneiden die Früchte einzeln von den Trieben ab; die scharfen Stachelbündel auf den Wülsten werden abgebürstet, damit wir es beim Zubereiten und Genießen etwas leichter haben.
An *Hylocereus undatus* (syn. *Cereus triangularis*) wachsen die gelben Früchte, die das herrlich saftige weiße Fruchtfleisch mit den schwarzen Kernen enthalten, und an *Hylocereus trigonus* reifen die glatten, roten Früchte mit kräftig violettfarbenem Fruchtfleisch, das in Obstsalaten oder in Mixgetränken so gut aussieht, aber leider kaum Eigengeschmack hat.

KAKIS

Neuer Weg für alte Früchte

Kakis sind in China und Japan schon seit Menschengedenken bekannt und werden dort sehr geschätzt und reichlich verzehrt. Erst im 19. Jahrhundert wurde *Diospyros kaki* in anderen Ländern verbreitet, zuerst in Amerika, dann in Frankreich, und 1884 erreichten die ersten Exemplare Italien.

Die Früchte des Kakibaumes schmecken am besten, wenn das Fruchtfleisch sehr reif, eigentlich fast überreif ist – sein wunderbares Aroma und seine schmelzende Süße entfalten sich dann zu einem optimalen Genuß. Doch sehr reife, weiche Früchte sind für den Transport denkbar ungeeignet. Wegen dieser Transportprobleme erreichen uns viele Kulturvarietäten aus China und Japan erst gar nicht: so zum Beispiel die runde, kanariengelbe Frucht von *Diospyros kaki* 'Aizumishirazu' und die zitronenförmige 'Fudegaki'. Es gibt eine Vielzahl von runden, orangeroten Sorten (flach und hell gefärbt oder etwas spitzer

an der Unterseite und tiefrot) und sogar welche mit Rippen, die in Japan 'Jiro' heißen und in Amerika 'Ribbed Persimmon' genannt werden (»persimmon« ist das englische Wort für Kaki); hier hängen unreife grüne und kleine Früchte an einem Baum in Italien.

Diospyros kaki trägt in unseren Breiten kaum Früchte, denn die Bäume sind nicht winterhart und die Früchte bekommen erst spät im Jahr ihre charakteristische orangerote Farbe – gewöhnlich sogar erst nach dem Laubfall, wenn die in feurigen Herbstfarben getönten Blätter den Boden bereits mit einem orangeroten bis purpurfarbenen Teppich bedecken. In Ländern, in denen es wärmer ist, fühlt sich die gesamte Gattung *Diospyros* wohl: *Diospyros ebenum* liefert das nachtschwarze Ebenholz, *Diospyros lotus* produziert in etwas südlicheren Ländern die eßbaren Dattelpflaumen, und in tropischen Ländern wie Malaysia trägt *Diospyros discolor* Früchte, die »buah mentaga«, »butterfruit« oder Mabolo genannt werden. In nicht ganz so warmen Gebieten übernimmt *Diospyros virginiana* diese Aufgabe.

Israel gebührt die Ehre, eine ganz neue Kultursorte hervorgebracht zu haben, bei der die herben Gerbstoffe der unreifen Früchte (bedingt durch den Tanningehalt) so niedrig sind, daß sie auch in knackigem, noch festem Zustand schon gut schmeckt. Sie wird wie ein Apfel gegessen und heißt Sharonfrucht *(Diospyros kaki* 'Sharon'*)*.

WEINTRAUBEN

An Reben und auf Tellern

Hoch angebunden an Giebeln, Toren und Pergolen – zur Zierde und zum Naschen – ranken Weintrauben in tiefem Mattblau, in Hellgrün oder in rosigen Tönen. Sie geben einen Vorgeschmack auf das herrliche Produkt, das uns die Verarbeitung der Trauben bietet – den Wein.

In Portugal werden Weine von hervorragender Qualität produziert. Auf dem Land stehen die Rebstöcke in ordentlichen, nach der Sonne ausgerichteten Reihen, und die Reben sind so angebunden, daß sie möglichst viel Sonne tanken können, nicht vom Nachtfrost geschädigt werden und später leichter abzuernten sind. Am Rio Douro, in der Provinz Minho sowie bei den Städten Setúbal und Colares finden sich kommerzielle Anbauflächen und viele berühmte Weingüter. Ihre Weingärten durchziehen das Land mit grünen Linien und setzen wunderschöne Akzente, verheißen aber auch kulinarische Wonnen … Dazwischen sieht man die aufrechten Trauben der roten und purpurschwarzen Kermesbeeren *(Phytolacca americana)*, die früher dazu verwendet wurden, Rotweinen eine noch intensivere Färbung zu geben. Heute werden noch in Teilen Nordamerikas die Sproßspitzen und Blätter der jungen Pflanzen als Gemüse gegessen. Darüber hinaus ist die Kermesbeere eine beliebte, hübsche Zierpflanze. In Portugal werden interessante Weine hergestellt, aber auch Frankreich, Deutschland und Italien sind bedeutende Weinanbauländer. Doch die Rebstöcke dienen nicht nur der Weinherstellung, sie liefern auch Obst, das eine erfrischende Zutat in der Küche ist und zu herzhaften Gerichten sehr gut paßt. Ein Beispiel dafür ist das Perlhuhnrezept, das im »Da Gigetto« in Miane (Italien) kreiert wurde. Die Trauben dafür werden im Freien am Brunnen gewaschen.

Perlhuhn mit Weintrauben

(Für 4 Personen)
1 Perlhuhn
Olivenöl und Butter
Salz und Pfeffer
1 Glas Weißwein
4 El Fond (aus Perlhuhnknochen)
1 mittelgroße Traube Weintrauben

Perlhuhn bis auf die Schenkel entbeinen und die Fleischstücke und Schenkel in einer Mischung aus einem Teil Olivenöl und einem Teil Butter von allen Seiten goldbraun braten. Fleisch salzen und pfeffern, mit Weißwein beträufeln und für 15 bis 20 Minuten in einem mäßig warmen Ofen (150 bis 175 °C) nachgaren lassen. Fleisch aus dem Topf nehmen und warm halten. In der Zwischenzeit den Fond an den Bratenfond gießen und eine Soße bereiten. Die Trauben zufügen und unter Rühren erwärmen. Brustfleisch in Scheiben schneiden und mit den Schenkeln, der Soße und kurzgeschmortem Gemüse servieren.

Weinlese in Portugal

Strahlende Sonne, reiche Ernte, glückliche Gesichter: Viel Sonne bedeutet gute Traubenqualität, so daß der Mann, der die Proben nimmt, eine günstige Prognose abgibt, und eine reiche Ernte verspricht viel Wein und einen lebhaften Handel.

Den Helfern bei der Weinlese fällt es wahrscheinlich gar nicht auf, wie dekorativ ihre Körbe mit den prallen Trauben aussehen. Frisch und strahlend grün sind auch die Wagenladungen – hier vor allem bei »Delgado« im Minho, wo der Vinho Verde entsteht. Die bereiften blauen Trauben haben einen warmen Farbton. Manchmal fällt die Lese gering aus, so daß nur Wein für den Privatgebrauch hergestellt wird. Doch manchmal ist sie so üppig, daß sie in Großbetrieben verarbeitet wird, wie beispielsweise den Weingütern »Quinta da Cotto« in Pinhão am Douro, »Quinta de Conde de Santar« bei Viseu im Anbaugebiet Dão oder »Ferreira« (ebenfalls in Pinhão), das auf Dona Antónia Ferreira zurückgeht, die sich bereits Anfang des 19. Jahrhunderts intensiv mit Produktion und Qualitätskontrolle von Weinen im Anbaugebiet am Douro beschäftigt hat. Eine ganz besondere Stellung nehmen die blauen Trauben von Colares ein. Die Rebstöcke wurden unter großen Mühen in Sand gepflanzt, der auf Felsboden aufgeschüttet ist. Durch Flechtmatten vor den heftigen Seewinden geschützt, wachsen sie am Boden und reifen dort nur langsam. Aus ihnen wird ein Wein gemacht, der nach der Stadt benannt ist und von vielen als bester Wein Portugals bezeichnet wird.

In Gerichten und zur Zierde

In vermutlich jeder Silbersammlung eines Museums finden sich mehrere Pokale mit Obstmotiven. Pokale mit Verzierungen in Weintraubenform sind häufig zweiteilig, aber auch große Zierpokale sind oft in Form einer üppigen Traube gestaltet. Diese Silberschmiedekunst fand ihren Höhepunkt im 16. und 17. Jahrhundert, als auch Kokosnüsse und sogar Straußeneier und Nautilusgehäuse zu Prunkgefäßen verarbeitet wurden. So wie die Silberarbeiten das Auge erfreuen, erfreuen Gerichte mit Weintrauben den Gaumen. Die beiden raffinierten Leckereien, die Ron Blaauw vom Restaurant-Hotel »'t Jagershuis« aus Trauben zaubert, sind ein gutes Beispiel dafür.

Lasagne mit Selleriepüree, Trauben und Entenleber

(Für 4 Personen)
8 Lasagnescheiben
1 Sellerieknolle
eventuell etwas Butter
200 g grüne Weintrauben, halbiert und entkernt
200 g blaue Weintrauben, halbiert und entkernt
100 ml Hühnerfond
1 Flasche Sauternes
50 g eingeweichte Rosinen
8 Scheiben Entenleber, je 1 mm dick
Pfeffer und Salz

Die geputzte Sellerieknolle in Würfel schneiden und gar kochen. Abgießen und zu einem cremigen Püree verarbeiten; dazu eventuell etwas Butter verwenden.
Die grünen und blauen Trauben mit etwas Hühnerfond verrühren und ruhen lassen.
Lasagnescheiben in reichlich Wasser kochen und anschließend gut abtropfen lassen.
Für die Soße den Sauternes auf drei Viertel der Flüssigkeitsmenge einkochen lassen, die Rosinen unterrühren und zusammen mit dem Hühnerfond erhitzen.
Die Lasagne auf Tellern anrichten: zuerst eine Lage Selleriepüree, darauf eine Lasagnescheibe und einige Trauben geben. Diesen Vorgang einmal wiederholen und pro Teller 2 Scheiben Entenleber über die oberste Lasagneschicht legen. Zum Schluß die Teller kurz unter den heißen Grill schieben und vor dem Servieren einen Löffel von der Rosinen-Weinsoße dazugeben.

Salat aus Trauben, Estragon und Gewürztraminergelee mit Champagnersorbet *(Für 4 Personen)*

200 g grüne Weintrauben, halbiert und entkernt
200 g blaue Weintrauben, halbiert und entkernt
100 ml Muscat de Baumes de Venise
2 Zweige Estragon
½ l Gewürztraminer
10 g (6 Blatt) Gelatine
eventuell verschiedene Sorten von Salatblättern

Für einen kleinen Vorrat an Champagnersorbet:
½ l Champagner
350 g Zucker
200 ml Wasser
1 bis 2 Tl Kümmelsamen

Die Weintrauben mit den von den Zweigen gestreiften Estragonblättern in Muscat de Baumes de Venise ziehen lassen. Etwas Gewürztraminer erhitzen und darin die zuvor eingeweichten und ausgedrückten Gelatineblätter auflösen. Restlichen Wein angießen und gelieren lassen. Für das Champagnersorbet einen Sirup aus Zucker, Wasser und Kümmelsamen kochen. Abkühlen lassen. Den Champagner angießen und die Mischung in der Eismaschine zu Sorbet verarbeiten.
Die marinierten Trauben auf Teller verteilen, eventuell noch verschiedene Sorten Salatblätter zufügen. Das Gelee in Stücke schneiden und diese um die Trauben verteilen. Zum Schluß noch mit Champagnersorbet garnieren.

Trauben als Schmuckmotiv

Rebstöcke wachsen und gedeihen in Weinbergen, an Toren, Pergolen und Häusern, und aus ihren Früchten entstehen viele »geisthaltige« Produkte, die auf der ganzen Welt gekauft und geschätzt werden. Kein Wunder also, daß Weintrauben auch als Motiv für Dekorationen beliebt sind. In Portugal werden sie häufig auf Kachelbildern (Azulejos) wiedergegeben.

Auf den Bahnsteigen des Bahnhofs von Pinhão wird die Weinlese auf großen, überwiegend blauen Kachelbildern dargestellt. Auf dem Weingut von José Maria de Fonseca te Azeitão bei Setúbal, in dessen Kellern unter anderem der hocharomatische Moscatel reift, zieren Kacheln mit Weinranken den Hausgiebel, und über den Brunnen ergötzen sich Bacchanten – an Fässer gelehnt – am Wein. An vielen Häusern (wie hier in Palmela, ebenfalls in der Nähe von Setúbal) werden alte Weinkrüge aufgrund ihrer hübschen Form als Dekoration abgestellt. Dieselbe Rolle scheint auch den Wasserbehältern aus Metall zugedacht zu sein, die hier um eine schöne, alte Pumpe auf dem Weingut des Conde de Santar (nahe Viseu im Dão-Tal) gruppiert sind. Sie werden jedoch gefüllt und von den Erntehelfern mit zur Arbeit

genommen. Weintrauben eignen sich auch für lebendige »Stilleben« – zusammen mit dem Wein und dem Port, zu dem sie verarbeitet werden. Nur 15 Prozent einer reichen Lese dürfen zu Portwein verarbeitet werden, so daß mehr Weiß- und Rotwein als Likörwein hergestellt wird. Auf der Tafel vor dem Weingut »Quinta da Alorna« bei Almeirim im Ribatejo ist es dann auch der Wein, der zwischen den Trauben die Hauptrolle spielt. Eine schöne, alte Flasche Portwein begleitet verschiedene Käsesorten, und eine Flasche Rosé steht separat auf Eis, zusammen mit rosig-frischem Fisch, den man dazu ißt.

Maria da Fonseca

Weinherstellung in Portugal

Oben links: Sammlung alter Kostbarkeiten bei »Quinta da Cotto« in Pinhão. **Oben, Mitte:** Der Wein wird immer wieder auf Geschmack und Farbe hin überprüft – wie hier bei »Ferreira«. **Oben rechts:** Hier reift und ruht Vinho Moscatel von »Fonseca-Azeitão« bei Setúbal. **Links, Mitte:** Wein in kleinen Mengen bei »Quinta da Paco«, einem privaten Weingut im Douro-Gebiet. **Rechts, Mitte:** Moderne Installationen und Zentrifuge für den Vinho Verde von »Delgado« im Minho. **Rechts außen, oben:** Kleine und große Krüge kommen zum Einsatz. **Links unten:** Große Bottiche aus Beton voll mit Douro-Wein von »Ferreira«. **Unten, Mitte:** In den Portweinkellern von Vila Nova de Gaia reift langsam der Calem. **Unten rechts:** Bei der ersten Gärung des Rotweins (hier bei »Ferreira«) entsteht viel rosafarbener Schaum. **Unten, rechts außen:** In den Kellern der Kooperative des Dão-Gebietes in Viseu lagern viele hervorragende Weine. **Vorangegangene Doppelseite:** Im stimmungsvollen Restaurant »'t Jagershuis« in Ouderkerk an der Amstel (Niederlande), das Kees Hageman eingerichtet hat, hängt dieses antik anmutende Gemälde, Vorbild für das Arrangement aus Früchten. Kees van der Vlies hat es einer Vorlage um 1600 in »La Natura Morte in Italia« nachempfunden.

NICOLA DO VALE
DO DÃO, L.

ÄPFEL

Ein feudaler Genuß

Äpfel in großem Stil zu genießen ruft Bilder von feudaler Üppigkeit wach – vor allem, wenn sich zu den Äpfeln noch Weintrauben und Birnen gesellen, die mit ihren spitzen Formen für eine willkommene Abwechslung sorgen.

Im Detail betrachtet, können Äpfel ebenso eine Augenweide sein: Die zunehmende Röte der Früchte am Baum inmitten des satten Sommergrüns zeugt von einem Reifeprozeß, der in vollem Gang ist.

Perlhuhn mit Sauerkrautäpfeln

(Für 4 Personen)

1 Perlhuhn (etwa 1 ½ kg)
etwas Salz, Pfeffer und Oregano
Olivenöl und Butter
50 g geräucherter Speck in Scheiben
1 kg süßsaure Äpfel (zum Beispiel 'Elstar')
50 g geräucherte Speckwürfel
500 g Sauerkraut
50 g eingeweichte, gequollene Rosinen
1 El rote Pfefferkörner
1 Glas Weißwein

Etwas Salz, Pfeffer und Oregano in das Perlhuhn streuen. Haut mit gutem Olivenöl einreiben und nur mit Pfeffer und Oregano bestreuen. Die Speckscheiben mit Bindfäden auf der Brust befestigen und Flügel und Beine des Huhns zusammenbinden. Mit einem großzügig bemessenen Stück Butter im Bräter in etwa 40 Minuten von allen Seiten braun braten. Während der Bratzeit regelmäßig begießen.
In der Zwischenzeit von den Äpfeln einen »Deckel« abschneiden und sie vorsichtig aushöhlen, ohne die Schale zu beschädigen. Das Apfelfruchtfleisch (ohne Gehäuse) würfeln. Speckwürfel auslassen, Sauerkraut dazugeben und warm werden lassen. Zum Schluß Apfelstücke, Rosinen und rote Pfefferkörner unterheben und mit Weißwein ablöschen. Die Äpfel mit dieser Mischung füllen.
Huhn in eine mit Butter eingefettete Auflaufform legen, die Äpfel ringsherum arrangieren und Butterflöckchen daraufsetzen. Sauerkraut- und Bratflüssigkeit aus der Pfanne dazugießen und für etwa 20 Minuten in einen auf 190 °C vorgeheizten Backofen schieben. Dabei gelegentlich mit Flüssigkeit begießen.

Äpfel als schöne Zugabe

Zu allen Vorzügen von Äpfeln kommt hinzu, daß sie hübsch anzusehen sind – manche wachsen sogar nur als Zieräpfel im Garten. Sie bleiben lange an den Zweigen hängen, selbst wenn diese für Sträuße geschnitten werden.

Besonders gut bekannt ist die gelbe Frucht von *Malus* 'Golden Hornet'; die roten Sorten sind zum Beispiel durch 'Redflesh', 'Red River' und 'Red Silver' vertreten. Doch in erster Linie werden Apfelbäume wegen des Geschmacks ihrer Früchte angebaut (obendrein sind sie auch noch gesund!). Es gibt unzählige Apfelkuchenrezepte, und am häufigsten wird wohl die einfache französische Version gebacken, bei der dünne Apfelscheiben mit Butter und Zucker in Blätterteig verschmelzen. Das süßsaure Aroma der Äpfel verbindet sich aber auch gut mit herzhaften Zutaten wie in diesem herrlichen Rezept von Hans Brouwer, wo sie mit Sauerkraut gefüllt zu einem gebratenen Perlhuhn serviert werden.

Apfel-Allerlei

Äpfel eignen sich mit ihrem gesunden Rot, warmen Gelb oder frischen Grün sehr gut für ganz unterschiedliche Gerichte, sowohl für süße als auch pikante, aber auch für hübsche Dekorationen.

Tessa van Dam Merrett arrangierte eine festliche Tafel im Freien, die zum Genießen einlädt: Auf Kohlblättern erhebt sich eine Pyramide aus Äpfeln, die mit Weinrautenblättern verziert ist (die Grundform besteht aus einer Schaummasse, die im Handel erhältlich ist, oder aus Maschendraht mit Moos).
Die Fruchttörtchen aus dem Restaurant »De Kloosterhoeve« in Harmelen enthalten nicht nur Äpfel, sondern auch Birnen oder kleine Pflaumen der Sorte 'Reine Claude Verte'.

Gestürzte Fruchttörtchen

(Für 4 Törtchen)
2 große Äpfel
100 g Mandelmasse
200 g Zucker
4 Scheiben Blätterteig (oder Pie-Teig)

Äpfel schälen, halbieren und Kerngehäuse entfernen. Die Hälften in dünne Scheiben schneiden und mit der runden Seite nach unten in Ringen auf ein eingefettetes Backblech legen. Die Mandelmasse in die Aushöhlung der Äpfel geben. Den Zucker karamelisieren, bis er schön goldbraun ist, und über die Äpfel gießen. Aus dem Teig Kreise in der Größe der Ringe schneiden, mit der Gabel einstechen, damit er nicht zu sehr aufgeht, und über die Äpfel legen. Die Törtchen 15 bis 20 Minuten im auf 200 °C vorgeheizten Backofen backen. Vom Backblech lösen, umdrehen und die Ringe entfernen.

Raffiniertes aus Äpfeln

Apfelbäume sind in Gegenden, in denen es viele Obstgärten gibt, nichts Besonderes – sie werden in unzähligen Reihen angepflanzt. Schwer von Früchten hängen die Äste herab, und jeder kann sie betrachten und genießen. Oft werden die Äpfel achtlos in Steigen gestapelt – manche fallen auch herunter und werden vergessen … Und doch sind sie die Grundlage für außergewöhnlich viele Leckereien, die sogar raffiniert sein können. Ein Beispiel ist das folgende Dessert aus dem »Da Gigetto« in Miane (Italien), in dem Äpfel mit Hilfe von zwei Zubereitungsarten miteinander kombiniert werden.

APFELDESSERT
(Für 10 Personen)
etwa 15 Äpfel
100 g Zucker (um die Form mit Karamel zu überziehen)
300 g Zucker (um ihn zwischen die Apfelscheiben zu streuen)
100 g kandierte Orangenschale, in Streifen

Für das Sorbet:
5 Äpfel
1 kleines Glas Calvados
Saft von 1 Zitrone
3 El Zucker
2 Glas Wasser

Äpfel schälen, Kerngehäuse ausstechen und waagerecht in dünne, runde Scheiben schneiden (die Scheiben haben also ein Loch in der Mitte). 100 g Zucker karamelisieren und in eine glatte, hohe Form gießen. Die Form drehen, so daß sie gleichmäßig mit Karamel überzogen wird. Die Apfelscheiben in mehreren Schichten kreisförmig in der Form anordnen (abwechselnd eine Reihe im Uhrzeigersinn, eine dagegen). Etwas Zucker und Orangenschale zwischen die Scheiben streuen. Die Äpfel mit den Händen leicht zusammendrücken, so daß die Form dicht gefüllt werden kann. Die Form dann in ein feuerfestes Gefäß mit kochendem Wasser stellen und den »Pudding« bei 110 °C im vorgeheizten Ofen 7 (!) Stunden garen. Es bleibt also genug Zeit, um das Apfelsorbet zuzubereiten. Die geschälten und vom Kerngehäuse befreiten Äpfel raspeln und mit den übrigen Zutaten vermischen. Die Mischung in die Eismaschine füllen und nach Herstelleranweisung zum Sorbet rühren. Den »Pudding« in dreieckige Stücke schneiden und zu jedem Stück eine Kugel Apfelsorbet und einige Streifen Orangenschale servieren.

Vom Baum auf die Bahn

Nicht jeder Apfel findet seinen Weg direkt vom Baum in den Kochtopf oder in die Destillieranlage. Manchmal legen Züchter, wie hier in Harmelen, ihre Ernte in bunten Bahnen aus, weil sich die Steigen so besser füllen lassen.

Lagerung von Äpfeln

Wie auch immer der Weg des Apfels vom Baum aus verläuft – über Bahnen, Steigen oder Körbe –, er endet immer in einem Lager, wo die Äpfel unterschiedlich lange aufbewahrt werden, bevor sie ihren endgültigen Bestimmungsort erreichen.

Makellose Tafeläpfel werden in kleineren Steigen in sorgfältig kontrollierten Kühlhäusern aufbewahrt, wo sie manchmal monatelang in gleichbleibender Qualität lagern. Der Erfolg einer neuen Sorte (wie etwa 'Elstar', eine Kreuzung von 'Golden Delicious' und 'Ingrid Marie') hängt nicht nur vom Geschmack, sondern auch von den Lagereigenschaften der Früchte ab. Für den Privatgebrauch können Äpfel in luftdurchlässigen Regalen im kühlen Keller oder auf einem gut isolierten Dachboden gelagert werden. Es ist immer eine Freude, etwas aus dem Regal zu holen, weil Äpfel, wenn sie in größeren Mengen beisammenliegen, einen herrlichen Duft verbreiten.

Äpfel werden aber nicht nur zum Verzehr gelagert, sondern auch zu Mus püriert, und selbst weniger ansehnliche Exemplare dienen immer noch einem »guten Zweck«: sie werden zu Cidre oder Obstbranntwein (zum Beispiel Calvados) verarbeitet. Die Fässer auf dem Bild enthalten übrigens keine alkoholischen Apfelprodukte – sie beherbergen den Portwein, der auf dem Weingut »Quinta da Paco« bei Pinhão in Portugal bis zur Vollendung reift. Die Äpfel liegen nur deshalb hier, weil es im Keller angenehm kühl ist und sie so lange gelagert werden können. Ihr hübscher Anblick und ihr guter Duft sind eine willkommene Zugabe zu ihren kulinarischen Eigenschaften.

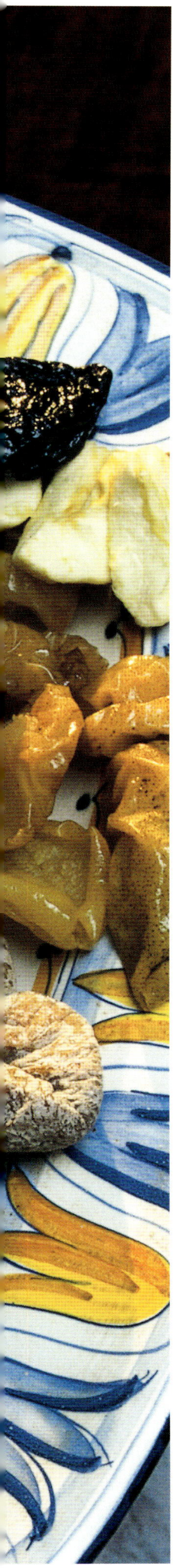

BACKOBST

Sonnensatt und getrocknet

In warmen Ländern werden Früchte zum Trocknen einfach aufgefädelt oder zu Strängen gebunden und an einem luftigen Platz in die Sonne gehängt. In kühleren Regionen muß die warme Luft des Ofens zu Hilfe genommen werden, um Früchte so gut zu trocknen, daß sie lange haltbar sind.

Wer Früchte trocknen möchte, muß dafür ausgereifte Exemplare auswählen, die ein volles Aroma haben und reich an Fruchtzucker sind, der für den Konservierungsprozeß benötigt wird. Pflaumen (am besten sind solche, die von selbst vom Baum gefallen, aber noch nicht beschädigt sind) werden zum Trocknen entsteint. Pfirsiche werden entsteint und halbiert (während der Trockenzeit sehr saftige Früchte nach etwa drei Stunden einmal flach drücken). Aprikosen werden ebenfalls entsteint, können aber im ganzen getrocknet werden; halbiert man sie, wird der Vorgang beschleunigt. Auch entkernte Kirschen lassen sich gut trocknen. Sie trocknen am schnellsten, weil sie so klein sind. Dazu die Kirschen in einer Lage auf einem oder mehreren Gitterrosten ausbreiten und in den auf 110 °C vorgeheizten Backofen schieben. Den Ofen ausschalten und die Kirschen im Ofen erkalten lassen. Die Roste herausnehmen, Ofen wieder auf 110 °C aufheizen und die Kirschen erneut hineinschieben. Nach etwa zwei Stunden sind die Kirschen ausreichend getrocknet. Pflaumen und Aprikosen werden nach der Vorbehandlung etwa vier Stunden lang getrocknet, und saftige Pfirsiche benötigen ungefähr sechs Stunden Trockenzeit. Korinthen und Rosinen sind ebenfalls getrocknete Früchte. Die kleineren, würzigeren Korinthen entstehen aus einer Trauben-Sorte, die in Europa nur in Griechenland, Dalmatien und auf Sizilien angebaut wird; bereits getrocknet werden sie auch aus Kalifornien importiert. Rosinen werden ebenfalls aus einer speziellen Trauben-Sorte hergestellt. Die Trauben trocknen in der Sonne oder künstlich und werden erst dann von den Stielen gestreift. Die kalifornischen Sultaninen sind meistens kernlos, und die großen Rosinen, die man auch als »egrené« bezeichnet, gehören (samt den Kernen) ins Studentenfutter.

Knusprig gebratener Schweinebauch mit Armagnac-Pflaumen und Rosmarin

(Für 4 Personen)

150 g Armagnac-Pflaumen (fertig gekauft)
100 ml Apfelsaft
100 ml Cognac
100 ml Calvados

500 g Schweinebauch
300 ml Rindsbouillon
200 ml Rotwein
1 Lorbeerblatt
4 Zweige Rosmarin

Pflaumen mit Apfelsaft, Cognac und Calvados mischen und 48 Stunden ziehen lassen. Schweinebauch mit Bouillon, Rotwein, Lorbeerblatt und 2 Rosmarinzweigen aufsetzen und 10 Stunden lang bei 70 °C garen lassen. Wenn der Schweinebauch ganz zart ist, Fleisch in den auf 185 °C vorgeheizten Ofen schieben und in 10 Minuten goldbraun braten. Das Fleisch anschließend in 1 cm dicke Scheiben schneiden. Die Pflaumen erhitzen. Fleisch und Pflaumen auf die Teller verteilen, mit dem restlichen Rosmarin garnieren und etwas Soße angießen. (Für die Soße 200 ml Kochflüssigkeit vom Fleisch und 100 ml Pflaumenflüssigkeit kurz zusammen aufkochen.)

Da getrocknete Früchte sehr aromatisch sind, eignen sie sich für eine ganze Reihe aufregender kulinarischer Kreationen. Ron Blaauw vom Restaurant-Hotel »'t Jagershuis« in Ouderkerk an der Amstel serviert Armagnac-Pflaumen mit knusprig gebratenem Schweinefleisch und eingeweichte Äpfel mit Gänseleber und Süßkartoffelchips.

Salade tiède aus eingeweichten Äpfeln und Gänseleber mit Süßkartoffelchips

(Für 4 Personen)
200 g getrocknete Apfelringe
100 ml Orangensaft
100 ml Weißwein
Mark von 1 Vanilleschote
1 Süßkartoffel
50 g gehobelte Mandeln
4 Scheiben Gänseleber à 60 g
Pfeffer und Meersalz

Apfelringe 48 Stunden lang in einer Mischung aus Orangensaft, Weißwein und Vanillemark ziehen lassen.
Süßkartoffel waschen, in 1/2 cm dicke Scheiben schneiden und bei 170 °C fritieren.
Die gehobelten Mandeln unter die Äpfel rühren. Auf jeden Teller einen großen Löffel voll Apfelmischung geben, die Gänseleberscheiben darauflegen (mit etwas Pfeffer und Salz aus der Mühle bestreuen) und die Teller kurz in den warmen Ofen schieben, so daß die Gänseleber gerade zu »schmelzen« beginnt. Zum Schluß die Süßkartoffelchips dazugeben.

Kandiert und glasiert

Kandierte Früchte sind vollkommen von Zucker durchdrungen, besitzen aber das volle Aroma der frischen Frucht. Seit Jahrhunderten finden sie großen Anklang.

Nach den Kreuzzügen, als sich die Verwendung von Zucker einbürgerte (vorher verwendete man zum Süßen vor allem Fruchtsaft und Honig), wurde auch die konservierende Eigenschaft des Zuckers genutzt. Bereits im 15. Jahrhundert waren die gezuckerten Früchte aus der Auvergne weltberühmt – genau wie die »gingembrats« aus Montpellier und die Zuckermandeln aus Verdun, die noch zusätzlich mit Ambra und Moschus aromatisiert wurden. Bis heute werden kandierte Früchte aus Frankreich importiert (wie etwa von Lilamand aus Saint Rémy de Provence, um nur einen berühmten Namen zu nennen), aber auch andere haben sich auf diese zeitaufwendige Präzisionsarbeit spezialisiert. Zum Beispiel sind die grünen Pflaumen aus Elvas in Portugal sehr bekannt, und aus den aromatischen Zitronatzitronen von Amalfi wird köstliche Sukkade hergestellt (siehe Seite 12 bis 15).
Wer Früchte selbst kandieren möchte, wird bald feststellen, daß der hohe Preis für die kandierten Köstlichkeiten seine Berechtigung hat, denn es geht nicht darum, sie »ein bißchen in Zuckersirup zu kochen« – dadurch bekommt man zwar leckere Marmelade, Konfitüre oder Kompott, aber keine kandierten, makellosen Apfel- oder Zitronenscheiben, Erdbeeren, Kirschen, Pflaumen, Kumquats, Birnen oder Ananas.

Kirschen werden vor dem Kandieren entsteint, Birnen geschält, vom Kerngehäuse befreit und geviertelt und Pflaumen (am besten 'Reine Claude Verte') entsteint, aber nicht halbiert. Ananas wird geschält und ausgestochen, bevor man sie in Scheiben schneidet. Zitronen und Orangen schneidet man in Scheiben und entfernt die Kerne. Kumquats mit ihrer süßen Schale und den weichen Kernen können im ganzen kandiert werden.
Das Obst wird dann ganz vorsichtig, nach Sorten getrennt, über Dampf leicht gegart (in einem Dämpftopf oder in einem Sieb oder Dreifuß über kochendem Wasser). Es darf auf keinen Fall aufplatzen oder anderweitig beschädigt werden! Das Obst in einem Sieb oder auf einem Gitter über einem passenden Behälter gut abtropfen lassen. Inzwischen einen Sirup kochen aus 1 ½ l Wasser und 1250 g Einmachzucker (das ist ein spezieller, doppelt raffinierter Zucker, der unter anderem von der Firma Pfeifer & Langen in Köln unter dem Namen »Kölner Zucker« im Handel ist; nicht mit Gelierzucker verwechseln!). Den aufgefangenen Fruchtsaft zum Sirup geben und kochen, bis man Fäden ziehen kann. Sirup über die Früchte gießen (sie müssen ganz bedeckt sein) und 2 Tage ruhen lassen. Nach 2 Tagen Sieb oder Gitter mit den Früchten herausnehmen und den nun etwas dünner gewordenen Sirup wieder einkochen, bis er Fäden zieht. Erneut über die Früchte gießen und 2 Tage stehen lassen. Diesen Vorgang noch fünfmal wiederholen. Wenn nicht mehr genug Sirup vorhanden ist, neue Zuckerwasserlösung zufügen. Bei der letzten Wiederholung den Sirup kräftig einkochen lassen, bis man dicke Fäden ziehen kann.
Die Früchte einzeln mit der Gabel oder einem Spieß aufspießen und durch den Sirup ziehen. Auf einem Rost langsam trocknen lassen.

In der italienischen Provinz Piemont stellt man mit einer anderen Methode kandierte Kochbirnen (»Pera secche«) her, die in 5 Tagen fertig sind. Die Kochbirnen schälen, aber den Stiel daranlassen. Die Birnen mit kaltem Wasser aufsetzen, langsam zum Kochen bringen und 30 Minuten kochen lassen. Inzwischen aus 1 ½ l Wasser und 750 g Zucker einen Sirup kochen. Den Sirup abkühlen lassen, die Birnen hineingeben und 2 Stunden stehen lassen (die Birnen sollen mit Sirup bedeckt sein; nur der Stiel ist sichtbar). Dann die Birnen aus dem Sirup nehmen, auf ein Gitter legen und in einem auf 100 °C vorgeheizten

Ofen trocknen lassen. Die Ofentür einen Spalt offenlassen, damit die Feuchtigkeit entweichen kann. Am nächsten Morgen die Birnen wieder 2 Stunden in Sirup einlegen und im Ofen über Nacht trocknen lassen. Diesen Vorgang viermal wiederholen. Am letzten Tag die Birnen erst aus dem Ofen nehmen, wenn sie ganz getrocknet sind.
Nicht lange haltbar, aber dafür sehr hübsch und lecker sind Früchte, die nur kurz in Zuckerglasur getaucht werden und so einen »Zuckermantel« erhalten. Kirschen, kleine Erdbeeren und Weintrauben eignen sich dazu gut und sehen auch hübsch aus. Die Glasur für die Trauben kann zum Beispiel mit einem Schuß Grappa angerührt werden, die Kirschglasur mit etwas Maraschino und die Glasur für die (Wald-)Erdbeeren mit Eau-de-vie de Fraises des Bois. Interessante Farbkombinationen ergeben sich, wenn man der Glasur etwas Lebensmittelfarbstoff zusetzt.
Sukkade ist ein Kapitel für sich, denn die dicke Schale der Zitronatzitrone *(Citrus medica)* wird mit der weißen Membran verzuckert. Zuvor weicht man sie jedoch einen Monat lang in Salzwasser (6 Tl Salz auf 1 l Wasser) ein, um sie zu fermentieren; ursprünglich weichte man sie in Meerwasser ein. Um fachgerecht Sukkade herzustellen, liegen die halbierten und in Salzwasser vorbereiteten Früchte natürlich auch auf dem Transport in die Fabriken in Salzwasser.
In Italien stellt man aus dem nicht besonders saftigen Fruchtfleisch der »cedro« auch noch ein wunderbar durstlöschendes Getränk her, das »cedrate« genannt wird und als Grundlage für das in den Sommermonaten sehr begehrte »granita« gilt – ein Kaltgetränk aus Fruchtsaft und Fruchtstücken auf geschabtem Eis, das gerne mit einem Fächer aus dünn geschnittener »cedro candito« (Sukkade) serviert wird.

Früchte in Zuckersirup

Früchte in Zuckersirup einzulegen ist eine schnelle Art, Obst zu konservieren. Sie schmecken sowohl zu süßen als auch zu herzhaften Gerichten köstlich.

In einem dicken Sirup aus 150 g Zucker auf 100 ml Wasser kann man Früchte bei nicht zu hoher Temperatur (am besten im Wasserbad) lange erhitzen, ohne daß sie beschädigt werden oder verkochen; außerdem verzuckern sie in Sirup gut. Erhitzt man sie stärker, entsteht Marmelade oder Gelee mit Fruchtstücken, und durch Zugabe von Kräutern und Gewürzen passen die konservierten Früchte auch gut zu herzhaften Gerichten. Currymischungen, Gewürznelken, Zimt, Sternanis, Vanilleschoten, Muskatnuß und Mazis (Muskatblüte) sowie Ingwer sind bekannte Gewürze, die gerne mit Obst kombiniert werden (wie zum Beispiel im südafrikanischen »Kerrie perskes«). Bei Zutaten aus dem Kräutergarten denkt man zuerst an Minze-Sorten (vor allem *Mentha* x *piperita* var. *citrata*). Rosmarin, Thymian, Fenchelsamen, Kümmel, Koriander, Basilikum, Wacholderbeeren und sogar Estragon und Lorbeer ermöglichen raffinierte Kombinationen und abwechslungsreiche Akzente zu süßen Gerichten. Daher beinhalten auch die Gläser aus Südafrika mit »konserf« und »konfyt« immer wieder ein anderes Aroma. (»Forel peer konserf« ist übrigens aus der hübschen gelben, rosa gefleckten 'Forellenbirne' gemacht.) Neben Zuckersirup eignet sich natürlich auch Alkohol, um Obst zu konservieren. Branntwein ist nicht allzu teuer und hat sich in diesem Bereich auch schon einen Namen gemacht: durch die »Boerenjongens« (ein Rosinenbranntwein) und die »Boerenmeisjes« (mit Weinbrand aufgesetzte Aprikosen). Rum und Gin werden häufig für diese Zwecke verwendet, und für besonders feine Geschmackskombinationen kann man Früchten in Sirup einen Schuß entsprechenden Alkohols zusetzen. Für Korinthen und Rosinen eignet sich Grappa, für Äpfel Calvados und für Kirschen Maraschino. Es gibt jedoch auch eine Vielzahl ganz spezieller Obstwässer, die bei den jeweiligen Früchten für kleine Aromawunder sorgen.

QUITTEN

Schön am Strauch

Quittensträucher sind für Menschen, die einen Garten besitzen, in jeder Hinsicht ideal. Sie werden nicht allzu groß und haben oft in höherem Alter hübsche bizarre Äste und Zweige. Das Holz ist schön dunkel, die Blätter sind ledrig und eiförmig und an der Unterseite samtig. Die zartrosa Blüten erscheinen erst im Mai, so daß sie den Frost nicht mehr zu fürchten brauchen.

Spät im Jahr reifen die Früchte: wunderschöne »Birnen« von dekorativer Form, die anfangs von einem Flaum überzogen sind, der später jedoch verschwindet.
Quitten sind groß, grünlichgelb und hart, so daß sie am Strauch lange für Dekorationen zur Verfügung stehen. Quitten sind festliche Früchte von »antiker« Schönheit. Das ist durchaus ernst gemeint, denn *Cydonia oblonga* ist schon seit Jahrhunderten bekannt und wird genauso lange geschätzt. Sie ist auf vielen Gemälden abgebildet. Erst wenn man sie ins Haus holt, kommt der wundervolle Duft der Früchte richtig zur Geltung, und nach (langem) Kochen verschmilzt das harte Fruchtfleisch der Quitte zu süß-aromatischer Seligkeit.

Mit Duft und Aroma

Holt man die Quitten ins Haus, wird man erst gewahr, welchen wunderbaren Duft die Früchte verbreiten. Zwei Quitten in einer Schale genügen schon, um einen ganzen Raum zu aromatisieren – mehrere in einem Arrangement sind ein wahres Fest an Duft und Schönheit.

Das Fruchtfleisch der Quitten wird erst nach langem Kochen (mindestens eine Stunde) weich und eßbar; erst beim Kochen entwickelt die Quitte ihren unverwechselbaren Geschmack. Verarbeitet man die Fruchtmasse mit der gleichen Menge Zucker, lassen sich daraus leckere Quittenfruchtschnitten herstellen; der Quittensaft mit der gleichen Menge Zucker ergibt aromatisches Gelee.
Raspelt man das rohe Fruchtfleisch (auf einer stabilen Raspel) und legt es einen Monat lang in Branntwein ein, erhält man ein köstliches Quittengetränk, das sich mit Zuckersirup in einen Likör verwandeln läßt. Quittenbranntwein gibt es auch fertig zu kaufen und eignet sich ganz hervorragend zum Aromatisieren von Quittendesserts.
Im Restaurant »Het Tuynhuys« in Amsterdam werden Quittenstücke in Butter und Puderzucker sanft gegart, um ein duftendes Bett für eine Roulade aus Entenbrust zu bilden.

Entenbrustroulade auf Quitten

(Für 4 Personen)

4 Entenbrüste (zum Beispiel Barbarie-Enten, die in Südostfrankreich gezüchtet werden)
1 rote Paprikaschote
2 Schalotten
100 g Champignons
Olivenöl
Salz und Pfeffer
4 Quitten
150 g Butter
Puderzucker

Das Fett der Entenbrüste mit einem scharfen Messer längs einschneiden. Die Paprikaschote, die Schalotten und die Champignons sehr fein schneiden und die Gemüsemischung in etwas Olivenöl anbraten. Die Füllung innen auf das Fleisch legen, mit Salz und Pfeffer würzen. Die Entenbrusthälften aufeinanderlegen und sie mit einem Bindfaden, wie ihn der Metzger verwendet, zu einer Roulade binden. Die Roulade vorsichtig auf beiden Fettseiten hellbraun anbraten und das Fleisch anschließend für 12 Minuten in den auf 180 °C vorgeheizten Ofen schieben. Anschließend 15 Minuten an einem warmen Ort ruhen lassen.
Die Quitten schälen, Kerngehäuse mit Kernen entfernen und in grobe Stücke schneiden. Anschließend in einem Topf mit dickem Boden schmoren. Etwas Wasser und 150 g Butter in den Topf geben, großzügig mit Puderzucker bestreuen, Quitten zugeben und zum Kochen bringen. Bei schwacher Hitze so lange garen, bis die Stücke bißfest sind; dabei gelegentlich umrühren.

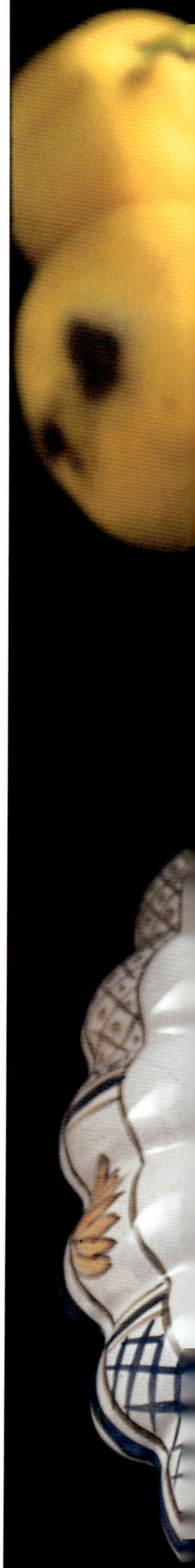

GRANATÄPFEL

Prallvoll mit Leben

Granatäpfel, die so prallvoll mit Leben sind und dies auch deutlich zeigen, wenn sie am Baum reifen, werden bei uns in erster Linie für dekorative Arrangements verwendet.

Wie viele andere Früchte auch, werden sie im unreifen Zustand gepflückt. Die Granatäpfel sind dann noch geschlossen und die »Beeren« sicher versteckt. Da sie unreif sind, haben sie noch nicht so viel Aroma und Saft. Sie sehen aber bereits sehr hübsch aus und sind sehr lange haltbar, so daß es sich durchaus lohnt, sie zu kaufen – schließlich lassen sich mit ihnen auch wunderbare Dekorationen anfertigen. Hier sind sie zusammen mit Kürbissen und Pilzen und mit dem weichen Grün von Kastanien, die noch in ihrer »Pelzjacke« stecken, sowie mit Haselnüssen direkt vom Strauch kombiniert. Granatapfelbäume *(Punica granatum)* sind seltsame Gewächse. Sie lassen sich reichlich Zeit, bis die kleinen und knallorangen Blüten zum erstenmal aufgehen und die Zweige später schwer von Früchten herabhängen. Aber die Bäume sind sehr langlebig und erfreuen Jahr für Jahr mit neuen Köstlichkeiten und ihrer Schönheit. Granatäpfel heißen in Portugal »romã«, in Spanien »granada« und in Italien »melagranata«. In südlichen Ländern, wo sie problemlos an den Bäumen reifen, werden sie gerne frisch verzehrt. Die »Beeren« sind leicht aus der Frucht zu entfernen, und die mit Fruchtfleisch umgebenen Samen sind süß und saftig. In Portugal werden sie oft über Nacht mit etwas Zucker und Portwein aufgesetzt und bei Festen als Dessert serviert. Wer viele Granatäpfel hat, preßt die aufgeschnittenen Früchte vorsichtig mit einer Zitruspresse aus und gießt den Saft anschließend durch ein Sieb, um die bitteren und ungenießbaren Schalenteile und Trennhäute zu entfernen. Granatapfelsaft wird auch kommerziell hergestellt und weltweit verkauft. Aus mit Zucker eingekochtem Granatapfelsaft entsteht Grenadine (Granatapfelsirup), der gut zu Eis und anderen süßen Desserts schmeckt und Basis vieler alkoholischer Mixgetränke ist.

Symbol des Wohlstands

So wie Weintrauben an Ranken vertrocknen – nicht, um sich in Korinthen zu verwandeln, sondern um den Vögeln im Winter als Nahrung zu dienen –, so dürfen auch die letzten Früchte einer reichen Granatapfelernte an den Bäumen aufplatzen. Ein Bild von überbordendem Reichtum: Samen präsentieren sich aussaatbereit, um an einem anderen Ort neues Leben entstehen zu lassen. Nur wenige Früchte tragen dies so zur Schau wie der Granatapfel. Im 17. und 18. Jahrhundert galt er als Symbol des Wohlstands, als eine der drei »Abundanzen«, zusammen mit Pfirsich und Zitronatzitrone, die wie eine geschlossene Hand geformt ist, um den Reichtum festzuhalten (weshalb man sie auch »Buddhas Hand« nennt). Zitronen, Pfirsiche und Granatäpfel (vor allem die Samen) kommen auch sehr häufig in Kränzen vor, die das Symbol der Ostindischen Kompanie umgeben. Mittlerweile werden auch Minigranatäpfel zur Dekoration angeboten. Sie reifen an *Punica granatum* 'Nana' und sind gut geeignet, um den Minireichtum turmhoch aufzubauen.

Informationen zu den Restaurants

Restaurant »Arnolfo«
Via XX Settembre 50-52a
I-53034 Colle di Val d'Elsa (Siena)
Tel. und Fax: 05 77/92 05 49
Sonnenüberflutete Terrassen mit großartiger Aussicht auf die Hügellandschaft rund um Colle di Val d'Elsa, wo das Restaurant hoch oben liegt, machen die kulinarischen Abenteuer zu unvergeßlichen Erlebnissen. Die Gebrüder Trovato garantieren hohe Qualität: Gaetano Trovato ist der Chefkoch, der sich die Köstlichkeiten ausdenkt, und Giovanni Trovato ist der Gastwirt – er sorgt dafür, daß jeder sich willkommen fühlt. Drei Rezepte werden in diesem Buch verraten: »Verlorene« Kirschen (Seite 34/35), warme Aprikosentörtchen (Seite 56/57) und die raffinierte Pfirsich-Pyramide mit Mango- und Himbeercoulis auf Seite 68/69.

Restaurant »De Bokkedoorns«
Zeeweg 53
Postfach 11
NL-2051 EB Overveen
Tel.: 0 23/5 26 36 00
Fax: 0 23/5 27 31 43
Das Restaurant profitiert von seiner wundervollen Lage an zwei Dünenseen. In den Sommermonaten kann man auf der Terrasse sitzen

und sich über die vielen Vögel an den Seeufern freuen. Doch auch an den Tischen im Restaurant ist durch die großen Fenster der Blick auf das Treiben an den Seen gewährleistet, so daß auch hier der kulinarische Genuß noch eine zusätzliche Dimension erhält. Daß die Qualität der Küchenerzeugnisse von ganz besonders hohem Niveau ist, beweisen die beiden vorzüglichen Nachspeisen in diesem Buch, wo sich in Zimtringen Himbeeren mit Mascarponecreme und Lavendeleis verbinden (Seite 36/37) und Aprikosen in Sirup mit Aprikoseneis gefüllt und mit einer Haube aus gratinierter Zitronenmousse versehen werden (Seite 52/53).

»Clos St. Denis«
Grimmertingenstraat 24
B-3427 Kortessem
Tel.: 0 12/23 60 96
Fax: 0 12/26 32 07

Bildschön zwischen eigenen Obstfeldern und -gärten liegt das Schloßgut »Clos St. Denis«, benannt nach den Eigentümern Denis, denn Vater, Mutter und zwei Töchter mit ihren Ehemännern machten dieses Restaurant berühmt. In diesem Band über Früchte wird Tochter Véronique, die sich der Pâtisserie verschrieben hat, eine Hauptrolle zuteil. Auf den Seiten 46 und 47 sieht man die wunderschöne Terrasse, auf der Tische mit Kuchen und Torten beladen sind. Als Zugabe gibt es das Rezept für eine dieser süßen Köstlichkeiten: Knuspertürmchen mit roten Früchten.

Hotel-Restaurant »Dolada«
I-32010 Plois in Pieve d'Alpago
(nahe Treviso)
Tel.: 04 37/47 91 41
Fax: 04 37/47 80 68
»Dolada« ist nicht nur der Name des eleganten Restaurants, sondern auch der des Berghanges, an dem es liegt. Vom Restaurant, den Terrassen und den (sieben) Hotelzimmern hat man eine wundervolle Aussicht auf diesen Teil der italienischen Alpen und den See von Santa Croce. Beispiele für die kulinarischen Genüsse, die Sie dort erwarten, sind auf den Seiten 76 und 77 (Hörnchen mit Cremefüllung und Früchten) und auf den Seiten 108 und 109 (Feigengratin mit Muskatellerzabaione) zu finden.

»Trattoria da Gemma«
Via Fra Gerardo Sasso 9
I-84011 Amalfi
Tel. und Fax: 0 89/87 13 45
Die »Trattoria da Gemma« ist Antonios (aus dem »Sette Bello« in Amsterdam) Lieblingsrestaurant in Amalfi. Er reiste mit Kees Hageman in die Umgebung von Mondragone und Amalfi. Das Restaurant existiert bereits seit 1872 und ist nach »Gemma« benannt, der *mater familias*, die immer gekocht hat. Auch heute kocht noch eine »Mutter«, die Gemma heißt. In diesem Buch erhalten Sie einen Vorgeschmack auf ihre Kochkunst: mit sahniger Konditorcreme gefüllte Windbeutel und Soßen mit Zitronenaroma (Seite 18/19).

Im dritten Band dieser Reihe, der von Gemüse handelt, gibt es noch mehr Rezepte aus der »Trattoria da Gemma«.

Restaurant »Da Gigetto«
Via A. de Gaspari 4
I-31050 Miane (Treviso)
Tel.: 04 38/96 00 20
Wer in Miane bei Treviso an einem Restaurant mit einem eleganten Brunnen vor dem Haus

vorbeikommt, tut gut daran, innezuhalten und sich nach einem freien Platz an den Tischen umzusehen. Man sollte nicht versäumen, die wundervollen Speisen zu probieren, die der Chefkoch sich ausdenkt. Fünf Beispiele für seine raffinierte Kunst sind in diesem Buch abgebildet und beschrieben; sie sind an dem geblümten Tischtuch zu erkennen, das als Untergrund dient: Panna cotta mit Erdbeersoße (Seite 38/39), eine Variation des Themas »Erdbeeren mit Schlagsahne«; Kaninchenkeule mit Beerenfüllung (Seite 45); Melonendessert (Seite 58/59); Perlhuhn mit Weintrauben (Seite 115) und ein raffiniertes Apfeldessert (Seite 134/135).

Restaurant-Hotel »'t Jagershuis«
Amstelzijde 2-4
NL-1184 VA Ouderkerk aan de Amstel
Tel.: 0 20 / 4 96 20 20, Fax: 0 20 / 4 96 45 41

Die günstige Lage des Restaurants – ganz in der Nähe von Amsterdam und direkt am Wasser – läßt viele Besucher den Weg hierher finden. Doch auch die stimmungsvolle Einrichtung, die die beratende Hand von Kees Hageman verrät, trägt wohl dazu bei. Der dritte und ausschlaggebende Faktor ist das kulinarische Niveau, das Chefkoch Ron Blaauw bietet. Wie phantasievoll er neue kulinarische Wege beschreitet, sieht man auf Seite 21, wo er zu fritierten Austern Salat aus Linsen, Parmaschinken und Bananenchips reicht, auf Seite 26/27, wo aus Ananas und Ziegenkäse (unter den Ananasarrangements von Tessa van Dam Merrett abgebildet) Ravioli entstehen, auf Seite 60/61, wo er neben dem ebenfalls bei ihm aufgenommenen Melonenstilleben einen Salat aus Coppa, knackigen Salbeiblättern und Melonen präsentiert, auf Seite 120/121, wo Traubensalat mit Gelee und alkoholisiertem Sorbet gereicht wird und einem die Lasagne mit Selleriepüree, Weintrauben und Entenleber das Wasser im Munde zusammenlaufen läßt. Auf Seite 142/143 begleiten Amargnac-Pflaumen einen mit Rosmarin knusprig gebratenen Schweinebauch, und eingeweichte Apfelringe gesellen sich zu Gänseleber und Süßkartoffelchips.

Restaurant »De Kloosterhoeve«
Kloosterweg 2
NL-3841 XC Harmelen
Tel.: 03 48 / 44 40 40
Fax: 03 48 / 44 42 35
Das Restaurant hat zwar in Harmelen eine sehr ländliche Lage, ist durch die großen Straßen, die nach Utrecht führen, aber dennoch für viele gut zu erreichen. Im Sommer kann man

auch im großen Innenhof essen, wo am Abend die Blütenköpfe der *Hydrangea*-Sträucher vor der Fassade mit den trompetenförmigen Blüten der in Kübel gepflanzten Stechäpfel *(Datura)* für einen wundervollen Duft sorgen. Stellen Sie sich dazu die entspannende Wirkung der Einrichtung (nach Ratschlägen von Kees Hageman) und die großartigen Gerichte vor, die Chefkoch Hans den Engelsen sich ausdenkt und serviert – ein perfekter Genuß. Einen Vorgeschmack darauf kann sich jeder zu Hause gönnen, denn Hans den Engelsen hat eine ganze Reihe seiner Geheimnisse preisgegeben. Die Rezepte finden Sie auf Seite 10/11 (Grapefruit mit weißer Schokoladenmousse und Knusperröllchen), Seite 30/31 (Kuchenturm mit Sahne und Kirschen) und auf Seite 40/41 (Johannisbeeren, die auch als Dekoration dienen können). Auf Seite 42/43 sind eine bildhübsche Beerenbombe und ein perfektes Parfait abgebildet und beschrieben, und auf Seite 54/55 werden Filo-Toffees mit süßen Aprikosen gefüllt. Auf Seite 62/63 finden sich Nektarinen, in Marzipan und Blätterteig verpackt, auf Seite 64/65 Pfirsichbeignets, und auf Seite 74/75 spielen Brombeeren die Hauptrolle. Gestürzte Fruchttörtchen sind auf Seite 132/133 beschrieben und abgebildet.

»Locanda da Lino«
Via Brandolini 1
I-31050 Solighetto (Treviso)
Tel.: 04 38 / 8 21 50 und 84 23 77
Fax: 04 38 / 98 05 77

Natürlich wurde »Linos Gasthaus« nach dem Eigentümer Lino Toffoli benannt, denn er ist die »Seele« des Ganzen, um die sich alles dreht. Er denkt sich allerlei Leckereien (manche ganz neu und unerwartet) mit Zutaten aus, die vorwiegend zu der entsprechenden Jahreszeit in dieser Gegend frisch erhältlich sind. Seine Begeisterung und Sachkenntnis haben dafür gesorgt, daß »Da Lino« weit und breit bekannt ist und auch viele Besucher aus der Ferne anlockt, zu denen italienische Berühmtheiten wie Toti dal Monte, la Massina und Federico Fellini sowie Marcello Mastroianni gehörten. Wer in der nächsten Zeit nicht nach Italien in die Gegend von Treviso fährt, kann sich trotzdem einige von Linos Kreationen gönnen, denn drei Rezepte werden hier präsentiert: Pfirsich-Tarte (Seite 70/71), Käsetafel mit 'Williams'-Birnen (Seite 96/97) und Steinpilzsalat mit Feigen und Parmaschinken (Seite 100/101).

»Sette Bello« Ristorante Italiano
Korte Leidsedwarsstraat 89
NL-1017 PX Amsterdam
Tel.: 0 20 / 6 26 59 76
Der italienische Eigentümer Antonio benannte sein Amsterdamer Restaurant »Sette Bello« nach der »goldenen Sieben« in dem neapolitanischen Kartenspiel »Scopa«. Er führte Kees Hageman in seine Heimat, in das Gebiet um Mondragone, wo sie viele herrliche Dinge sahen und genossen – und natürlich auch fotografierten. Antonio arrangierte dort zum Beispiel den Teller mit Feigen und Parmesankäse (Seite 98/99) und kombinierte Feigen mit Schinken (Seite 103).

Restaurant »Het Tuynhuys«
Reguliersdwarsstraat 28
NL-1017 BM Amsterdam
Tel. und Fax: 0 20 / 6 27 66 03

Das Restaurant heißt nicht nur »Gartenhaus«, sondern der hintere Teil des Hauses gehörte früher tatsächlich als Gartenhaus (noch früher sogar als Kutschenhaus) zum Herrenhaus an der gegenüberliegenden Gracht. Zum Glück konnte das Restaurant einen Teil des Gartens mieten, so daß man im Sommer bei schönem Wetter auch draußen sitzen kann. Doch sogar drinnen kommt man sich vor, als sei man im Garten, denn bei seinen Tips für die Einrichtung dachte Kees Hageman an bequeme, breite Metallsessel, die auch draußen eine gute Figur machen würden. Früchte passen sehr gut ins Konzept der Köche vom »Tuynhuys«, das beweisen die Mandarinenbeignets (Seite 16/17), die Aprikosen-Tarte (Seite 50), der Pfirsichkuchen mit Baiserkranz (Seite 67), das elegante Dessert mit 'Williams'-Birnen (Seite 90), die Feigen in Orangensirup (Seite 106/107) und die geschmorten Quitten, die ein Bett für die Entenbrustroulade bilden (Seite 150/151).

Mitwirkende

Restaurant »Barbizon«
in Jezus-Eik, Belgien. Hier entstand der französische Apfelkuchen auf Seite 130.

Hans Brouwer
aus Amsterdam kreierte und kochte die Birnen im Blätterteigmantel (Seite 92/93) und das Perlhuhn mit Sauerkrautäpfeln (Seite 130).

Tessa Feldhaus van Ham-van Dam Merrett
arbeitete an diesem Band über Früchte natürlich auch wieder mit und steckte phantasievolle Sträuße wie die beiden Buketts aus Ananas (Seite 27) und den *Rubus*-Strauß (Seite 73). Von ihr stammen auch die üppige Tafel mit Pflaumen und Pflaumenkuchen (Seite 82/83), das große Birnenbukett (Seite 93) und die Apfel-Pyramide (Seite 133). Der schöne, große, alte 'Kamper Venus'-Birnbaum auf Seite 97 wurde in Tuil fotografiert, wo sie das Lehrzentrum »Bloemen van de Lindenhof« leitete. Mittlerweile hat sie eine eigene »International School of Flower-decoration« gegründet (Kerckhemhoeve, Grote Straat, B-3850 Wijer, Tel.: 0 11 / 59 66 20, Fax: 0 11 / 59 66 19).

»C'estbon Florijn«
im Einkaufszentrum »Schalkwijk«, Haarlem (Tel.: 0 23 / 5 33 02 71), lieferte alle kandierten Früchte auf Seite 144/145 sowie die Gläser mit Früchten in Sirup und in Alkohol auf Seite 146/147.

Château Fonteneau
in Nivelles, Belgien. Folgende Abbildungen wurden dort fotografiert: das Stilleben mit Bananen (Seite 20/21) und die Kompositionen mit Bananenblüten (Seite 22/23), die Nische mit der Gartenvase und den Ananassen (Seite 26/27), die Tischdekoration mit Beeren (Seite 40/41), der Tisch mit den Aprikosenköstlichkeiten (Seite 54/55) und mit den Pflaumen (Seite 86/87), die Bank voller Früchte (Seite 128/129), das *Malus*-Gesteck (Seite 130/131), die ovale Schale mit Korinthen und Rosinen (Seite 140/141), die Konsole mit den verzuckerten Früchten (Seite 144/145), die Fruchtkompositionen in Zuckersirup, der Pokal mit Ingwer und die südafrikanischen Gläser mit Leckereien (Seite 146/147) sowie der Minigranatapfelturm (Seite 155).

Frau E. van Gemert-Moonen
aus Brunssum bereitete den Limburger Zwetschgenfladen zu, der auf der Pflaumentafel auf Seite 84/85 zu sehen ist.

Jaap Gondelach
stellte uns seine Gärtnerei »Leemzoom« als Kulisse zum Fotografieren der Fruchttafel (Seite 36/37) und des Pflaumenkorbes (Seite 82/83) zur Verfügung. Die Gärtnerei liegt am Europaweg 18, NL-3451 HG Vleuten, Tel. und Fax: 0 30 / 6 77 13 06.

Ineke Greve
aus Heerlen ließ uns in ihrem wundervollen Garten den Blancmanger auf Seite 40/41 und die Pflaumentafel auf Seite 84/85 fotografieren.

Kasteel Hex
Hier in Hex (oder Heks) bei Heers, Belgien, steht in den prachtvollen Gärten ein chinesischer Pavillon, wo die beiden *Citrus*-Bäumchen von Seite 19 in Kübeln zu finden sind. Das Schloß ist am ersten und dritten Wochenende im Juni für Besucher geöffnet. Die »Küchengartentage« finden am dritten Wochenende im September statt (Tel.: 0 12 / 74 73 41, Fax: 0 12 / 74 49 87).

Antiquitätenhändlerin Ria Jong
in Prinsengracht 574, NL-1017 KR Amsterdam, stellte die Kulisse für das Stilleben mit Zitrusfrüchten auf der Seite 8 zur Verfügung.

Klarenbeeker Wald
Hier wurden die Aufnahmen für die große Tafel von Seite 152/153 gemacht, auf der unter anderem Granatäpfel zu sehen sind.

Eliseo Landi
besitzt in Mondragone, Italien, die schönen Gärten, in denen das Arrangement mit Aprikosen- und Granatapfelblüten auf Seite 49 sowie der quadratische Stein mit Früchten auf Seite 52/53 fotografiert wurden.

Giovanni di Lorenzo
züchtet in Mondragone, Italien, viele besondere Feigen-Sorten wie 'White Ischia', von der auf den Seiten 103 und 105 die Rede ist. Auch der schöne, von Bohnenstangen umgebene Baum auf Seite 104 steht in seinem Garten. Er selbst ist auf Seite 109 bei der Feigenernte abgebildet.

Michele Marcera
hat in Mondragone, Italien, großen Landbesitz mit Obstbäumen. Ein hübsches Beispiel sind die mit Nektarinen beladenen Bäume auf Seite 62.

Angelique und Robert Noortman
In ihrem Schloß in Belgien durften wir die Tafel mit den Kirschen und den gläsernen Tellern (Seite 28/29), die mit den Quitten (Seite 148/149) und das Sideboard mit der Quittenkomposition (Seite 150/151) fotografieren.

»Puccini«
Hier dachte man sich für dieses Buch drei besondere Obsttorten aus: eine mit roten Johannisbeeren und schwarzen Waldheidelbeeren, eine mit Pflaumen und eine mit Birnen (abgebildet auf den Seiten 40/41, 84/85 und 94/95). Seit kurzem hat »Puccini« in Amsterdam zwei Adressen, und der Name wurde in »Puccini Bomboni« geändert, weil dort nur Apfelkuchen und Bonbons hergestellt werden (Staalstraat 17, Tel.: 0 20 / 6 26 54 74, und Singel 184, Tel.: 0 20 / 4 27 83 41).

»Quinta da Capela«
heißt die »Casa de Habitação« (eine Art Hotel) in Sintra, Portugal, wo Pfauen – wie auf Seite 17 – würdevoll durch die Gärten schreiten.

»Obstanbau Roest«
in Harmelen besitzt viele wunderbare Obstgärten, die man auf Seite 89 (Birnenblüte) und Seite 136/137 (wo Äpfel mit dem Traktor geerntet werden) sieht. Auch die Nahaufnahmen der Birne auf Seite 97 sowie der umgefallenen Apfelkisten und des Baumes auf Seite 135 wurden hier gemacht.

Signore Salvatore
ist der *pater familias* der Aprikosenernte in Mondragone, Italien, die auf Seite 48 zu sehen ist.

»Hostellerie Shamrock«
Das Hotel-Restaurant in Maarkedal, Belgien, stellte uns freundlicherweise seine hübschen Zier- und Nutzgärten als Kulisse für die Aufnahme des *Rubus*-Arrangements (Seite 72/73) zur Verfügung (Muziekbos-Ommegangstraat 148, B-9681 Maarkedal, Tel.: 0 55 / 21 55 29, Fax: 0 55 / 21 56 83).

»Restaurant Thanying«
in Bangkok. Hier wurde das thailändische Gericht auf Seite 22/23 zubereitet.

»VEN«
»Internationale Versmarkt«, unter anderem in Diemen angesiedelt. Ein Großhandelszentrum, in dem Gastwirte, Lebensmittelfotografen und Autoren von Büchern über Lebensmittel kulinarische Anschaffungen tätigen können. Von dort stammt ein großer Teil der Früchte, die für Arrangements und Stilleben verwendet wurden, sowie die Sammlung südafrikanischer Gläser auf Seite 146/147. Ein ganz besonderer Dank an Walter Abma, der stets bereit war, exotische Früchte zu bestellen und uns mit Informationen über Obstproduzenten und spezialisierte Züchter weiterzuhelfen (NL-1110 AA Diemen, Weesperstraat 126, Tel.: 0 20 / 6 90 70 61, Fax: 0 20 / 6 95 66 71).

Kees van der Vlies
aus Den Haag malte die großartigen Früchtestilleben, die nach Vorbildern aus dem 16. Jahrhundert zusammengestellt wurden. Als Vorlage diente das Buch »La Natura Morte in Italia«. Sie hängen im Restaurant »'t Jagershuis« in Ouderkerk an der Amstel und sind hier auf Seite 60 sowie 124/125 abgebildet.

Jan de With
legte in seiner Obstgärtnerei in Geestdorp-Harmelen die hübsche Bahn mit Äpfeln aus (Seite 137).

Weingüter in Portugal
Besondere Namen für besondere Ernten und ganz besondere Produkte! Auf den Seiten 114, 119, 122 und 126 werden mehrmals erwähnt: »Quinta de Conde de Santar« bei Viseu im Dão-Gebiet, »Delgado« in der Provinz Minho, wo Vinho Verde hergestellt wird, »Quinta da Cotto« in Pinhão im Douro-Gebiet, »José Maria de Fonseca« in Azeitão bei Setúbal, »Quinta da Alorna« bei Almeirim in der Provinz Ribatejo. Der »Quinta da Paco« im Douro-Gebiet wird auf Seite 138/139 ein besonderer Platz eingeräumt. Hier im Keller werden neben den Fässern mit reifendem Portwein auch Äpfel gelagert.

Frau Yen Syn-Lan
vom asiatischen Restaurant »Dynasty« in Amsterdam schrieb das Rezept für das in Thailand fotografierte Gericht auf Seite 22/23 auf.

Pflanzenregister

Rezepte

VORSICHT MIT ROHEN EIERN
Auch wenn bei den meisten Eiern keine Probleme zu befürchten sind, ist grundsätzlich Vorsicht geboten. Den folgenden Personen ist vom Verzehr von Gerichten mit rohen, unerhitzten Eiern oder Eibestandteilen abzuraten: Kranken, Schwangeren, Senioren, Kindern unter fünf Jahren und Personen, die sich von einer schweren Krankheit erholen. Der Genuß von Lebensmitteln mit Salmonellenbefall könnte bei diesen Personen zu schweren Erkrankungen führen.

Die Deutsche Bibliothek – CIP-Einheitsaufnahme

Schönheit der Natur – Früchte: mit Rezepten aus dem Paradies / Elisabeth de Lestrieux; Kees Hageman. [Aus dem Niederländ. von Andrea C. Busch]. – Köln: DuMont, 1997
Einheitssacht.: Uit de natuur – fruit <dt.>
ISBN 3-7701-4165-2
NE: Lestrieux, Elisabeth de; Hageman, Kees; Busch, Andrea C. [Übers.]; EST

Aus dem Niederländischen von Andrea C. Busch
Redaktion und Herstellung der deutschen Ausgabe: Angelika Franz, München
Assistenz / Styling: Hans Brouwer, Ralph Neijndorff
Layout: Wim Clifford, Amsterdam
Reproduktion und Druck: Tesink, Zutphen
Buchbinderische Verarbeitung: Callenbach, Nijkerk

Printed in Netherlands

ISBN 3-7701-4165-2